人権教育への招待

ダイバーシティの未来をひらく

神村早織・森 実 編著

解放出版社

はじめに

　本書は、人権教育について幅広く考えるために編集された。読者が自分の教育経験や対人関係を振り返る手がかりになることや、これから生きる指針を得るきっかけとなることを期待している。

　近年、さまざまな人権課題を横断的に学ぶ授業が増えており、諸課題を有機的に結びつける教科書が求められている。本書は、そういう要請に応えようとするものでもある。

　本書は『同和教育への招待―人権教育をひらく』（解放出版社、2000年）を後継するものである。前著から20年近くが経過し、国内外の人権をめぐる状況や人権教育の取り組みには大きな変化があった。新自由主義を背景とした競争の激化、貧困化の進行、虐待の広がり、いじめ問題への注目など、子どもたちの暮らしをめぐる課題は広がっている。人権教育に関連しても、部落問題学習をはじめとする個別人権課題学習の弱まり、「優しさ」重視の情緒的人権教育の広がり、世代間の途切れなど、問題が指摘されている。

　2016年には、障害者差別解消法の施行、ヘイトスピーチ解消法、部落差別解消推進法、教育機会確保法の制定などがあった。それぞれの法律は、不十分さを指摘されながらも、取り組みへの追い風となることが期待されている。それ以外にもLGBTQなど人権課題関連の法律が制定されようとしている。そうした法律の弱点をカバーし、意義ある活動につなぐ必要がある。

　個別の人権課題学習に応えつつ、全体としての差別の構造について理解することを助け、社会を変えることにもつながり、個々の学び手の生活や人生を豊かにすることが求められている。この新しい時代に、人権教育の在り方を考える新たな道筋を切り拓きたい。本書がその一助となることを願っている。

　2018年12月　　　　　　　　　　　　　　　　　　　　森　実

人権教育への招待——ダイバーシティの未来をひらく●目次

はじめに　　3

序論　人権教育とは何か ················· 8

❶人権教育とその４側面／❷同和教育に見る４側面／❸日本の人権教育政策に見る４側面／❹人権教育の土台にある人権とは？／❺国際的な人権確立の動き／❻人権教育の時代／❼本書の構成

第1章　学校・子ども・人権 ················· 18

1…子どもの人権　　18

❶子どもの人権と私たち／❷子どもの権利条約の成立とその背景／❸４つの大切な原則／❹子どもの権利と児童虐待

2…障害者と人権　　22

❶個人モデルを批判する／❷社会モデルで考える／❸健常を問い、自分に向き合う

3…在日外国人と多文化共生　　26

❶在日外国人って、どんな人？／❷日本の外国人政策——「移民政策はとらない」の矛盾／❸〈外国人〉の子どもたちと教育／❹同調圧力と同化主義

4…部落差別と人権　　30

❶明治の資本主義社会になって始まった部落問題／❷被差別部落の人たちによる差別反対闘争／❸戦後の政府による政策動向／❹現代における部落差別の現実

5…ジェンダーとセクシュアリティ　　34

❶学校の風景を変えていく／❷「普通」を疑い、「当たり前」を超える／❸「男女平等幻想」を超えていく

第2章 人権を学ぶ基礎概念 ……………………… 38

1…多様性とアイデンティティ 38
❶多様性とは／❷金子みすゞと「みんなちがってみんないい」／
❸「多様性を尊重する」とは／❹社会的・文化的アイデンティティ

2…バイアスを見抜く① 42
❶「差別」とは何か／❷個人的差別と制度的差別／❸ステレオタイプ／
❹偏見／❺スケープゴート／❻ヘイトスピーチ

3…バイアスを見抜く② 46
❶「差別と全般的不利益の悪循環」／❷「逆差別」論の登場／❸機会の平
等と結果の平等／❹「特権」と権力／❺特権は客観的な側面から論じる

4…バイアスを見抜く③ 55
❶マイクロアグレッション／❷機能的偏見／❸同調的偏見／❹克服の道筋

5…「寝た子を起こすな」論を超えて 59
❶「寝た子を起こすな」論とは／❷市民意識調査から／❸「寝た子を起こ
すな」論の誤り／❹「同対審答申」のなかで／❺「どう教えるべきか」へ

6…実践的行動力を身につける 63
❶その場でどう行動するか／❷社会に働きかける

第3章 同和教育実践の再発見 ……………………… 67

1…学校を欠席する子どもへの取り組み 67
❶人権の視点で不登校を考える／❷「学校を欠席する子ども」の理解と対
応／❸戦後の同和教育と長欠・不就学の克服／❹教科書無償化の闘い

2…子どもたちの「荒れ」とその克服 77
❶現代の子どもと「荒れ」／❷少年非行における被害性と加害性／
❸「荒れ」の理解とその克服——社会的立場の自覚／
❹集団づくりを基盤とした自主活動

3…格差をのりこえる学力保障 86
❶調査は誰のためのものか／❷学校は平等化装置か／❸部落の子ども
たちの低学力の事実に向き合う／❹人間解放につながる学力観と教育
内容の創造／❺「くぐらせ期」とひらがな指導／❻学力格差の再発見と

同和教育／❼格差を克服する学校と学力保障の取り組み

4…生き方を育み、未来をひらく進路保障　98

❶社会的に排除される子どもと進路／❷同和教育の総和としての進路保障——解放奨学金と統一応募用紙／❸人権教育を土台に据えたキャリア教育

第4章　生活を通して子どもをつなぐ集団づくり……105

1…集団づくりの歴史と人権　105

❶集団づくりの位置づけ／❷同和教育実践における集団づくり①(1950〜60年代)／❸同和教育実践における集団づくり②(1970〜80年代)／❹同和教育実践における集団づくり③(1990年代〜)

2…生活背景を通して子どもを理解する　112

❶子どもの暮らしを知るところから／❷自らの「特権」と「内なる多様性」に気づく／❸「どうしたん？」から始まる他者に対する関心／❹分断された関係をつなぎ直すという視点／❺家庭訪問で子どもの事実に近づく

3…教師が子どもとつながる　121

❶「子どもとつながる」から始めよう／❷子どもとつながる回路(チャンネル)をひらく／❸家庭学習帳のススメ／❹振り返りノートのススメ／❺書かない子ども

4…自己開示とカミングアウト　132

❶個人情報とプライバシー／❷自己開示とフィードバック／❸つながるためのカミングアウト／❹カミングアウトを受けるとき

5…子どもをつなぐ、子どもがつながる　140

❶子どもをつなぐ道具箱／❷教師の立ち位置と集団を読み解く力／❸子どもがつながる自主活動／❹子どもの集団分析で教職員がつながる

第5章　人権学習をつくる視点と方法……………150

1…主体的・対話的な学びのなかで　150

❶学習指導要領の改訂と主体的・対話的な学び／❷生活科の誕生と主体的・対話的な学び／❸「ひらがな指導」と「スタートカリキュラム」／❹「総合的な学習の時間」と主体的・対話的な学び／❺「全同教の四認識」とアクティブラーニング

2…**集団づくりと結びつけた展開**　160

　❶前提としての人権の視点／❷授業としての人権教育／
　❸集団で真理を追究する／❹ともに闘うなかまづくりとして

3…**自分とのかかわりを意識した展開**　167

　❶一人の子どもに寄り添う人権学習／❷ESD と人権学習

4…**人権の理念をベースにした総合的な学習の創造**　171

　❶地域学習の継承と発展／❷新たな人権学習の内容・方法の創出

第6章　地域とつながる人権教育　175

はじめに　175

1…**子どもの権利保障**　176

　❶「子どもの権利条約」に見る子どもの人権／❷子どもの権利保障──ス
　クールソーシャルワークの実践／❸個人の問題を社会関係のなかでとら
　える──エコロジカルな視点／❹社会を変える・当事者を変える──ア
　ドボカシーとエンパワメント

2…**人権教育の内容創造**　187

　❶地域教材から人権総合学習へ／❷地域との連携の現状──全国調査より

3…**人権のまちづくり**　192

　❶教育コミュニティづくり／❷地域における人々のつながり

第7章　人権教育の現代的課題　197

1…**国際的な人権教育の展開**　197

2…**新しい時代を迎える日本の人権教育**　199

　❶続々と制定される個別課題関連法／❷重要になる個別課題の学習

3…**シティズンシップ教育の時代**　202

　❶世界で注目されるシティズンシップ教育／❷シティズンシップ教育とは
　何か／❸シティズンシップ教育と人権教育／❹道徳の教科化と人権教育

参考図書　209

おわりに　214

序論 人権教育とは何か

❶人権教育とその4側面

　人権教育といえば、人権について教えることだと思い込まれている場合がある。けれども、国際的にいえば、「人権教育とは、知識と技術の伝達及び態度の形成を通じ、人権という普遍的文化を構築するために行う研修、普及及び広報努力」（「人権教育のための国連10年」国連行動計画）とされている。つまり、世の中に、人権に根ざした価値観・制度・文化が満ちあふれるようにするためのさまざまな教育活動だということになる。

　このことにかかわって、国際的には、人権教育の4側面などとして語られてきた。つまり、人権教育とは、「人権をめざす教育（education for human rights）」、「人権としての教育（education as human rights）」、「人権に関する教育（education on human rights）」、「人権を通じての教育（education through human rights）」といったいろいろな側面をあわせて成り立つものだというのである。

　「人権をめざす教育」とは、先の定義にもあるように、人権教育はその結果として社会に人権が満ちあふれるようにすることをめざして行われる教育的活動だという意味である。法律はもちろん、私たちの生き方（＝文化）全般が人権に即したものとなる必要がある。それを推進するのが人権教育である。いくら人権教育をしているつもりでも、結果的に社会がファシズムになっていったのでは、人権教育が成果を上げたとはいえない。人権に根ざした社会の担い手をどんどんと輩出するような教育実践でなければならない。

　「人権としての教育」とは、教育を受けること自体が人権だということを意味している。憲法や教育基本法に定められた教育機会均等の確保をめ

ざすことも人権教育の一環だということになる。教育機会の不平等や不登校をそのままに放置しておいて人権教育とはいえないということだ。

「人権に関する教育」とは、人権に関する法律や条約、人権侵害の歴史や現実、それをのりこえていこうとする運動・実践・施策などについて教えることをさす。これは従来から人権学習などと呼ばれてきた。国際的にも、1980年頃までは人権教授（teaching of human rights）という概念、つまり人権について教えることが中心に議論されてきた。それだけでは決定的に不十分だということから、1980年代以降、人権教育（human rights education）という概念が用いられるようになったのだ。

最後の「人権を通しての教育」とは、人権に満ちた環境や雰囲気、方法によって教育を進めるべきだという意味である。仮に子どもの権利条約について教えるとしても、その教育方法が体罰によるものであれば、人権教育とはいえない。子どもの生活を尊重し、子どもの想いを受け止めつつ、参加と対話によって教育が進められるべきだということである。

これら4つの側面をいずれも満たしながら進められるのが人権教育だということになる。

❷同和教育に見る4側面

日本において人権教育を牽引してきた同和教育は、まさにこの4側面を体現してきた。同和教育は、始まった頃から、部落差別を中心にあらゆる差別をなくすこと、すなわち人権の保障を大きな目標としてかかげてきた。1960年代には、子どもたちの立ち上がりを軸に教育実践を進めるようになった。一貫して「差別を見抜き、差別と闘う子どもを育てること」が重要な目標とされてきた。「人権をめざす教育」である。

また、1950年代には学校に来ない長期欠席や不就学の子どもたちが学校に来られるようにすることを大きな課題としてきた。1960年代以後には識字学級を開講し、おとなが文字の読み書きを通して自分の人生を切り拓く識字活動を展開してきた。同時に、荒れる子どもたちが教育を安心して受けられるようにすることを大切にしてきた。「人権としての教育」である。

序論　人権教育とは何か　9

もちろん、「人権についての教育」にも熱心に取り組んできた。各地に人権教育の読本や教材集があるが、それらは、部落差別をはじめとするさまざまな人権課題についてすべての子どもたちが学びやすくなるためのツールである。

　そういうなかで、「人権を通しての教育」という観点でも、多くの原則や方法を編み出してきた。教員や周りの子どもたちが確かな人間観をもっていなければ、被差別の立場にある子どもたちは排除されてしまいかねない。子どもと子どもをつなぎ、親と子どもをつなぎ、教員と子どもや保護者がつながるためには、家庭訪問、生活ノート、生活班活動など、人権に満ちた雰囲気づくりや集団づくりの方法の活用が不可欠だった。

❸日本の人権教育政策に見る4側面

　日本の法律でいえば、人権教育がそこまで広く定義されているわけではないと映るかもしれない。2000年に制定された「人権教育及び人権啓発の推進に関する法律」（人権教育・啓発推進法）では、「この法律において、人権教育とは、人権尊重の精神の涵養を目的とする教育活動をいい、人権啓発とは、国民の間に人権尊重の理念を普及させ、及びそれに対する国民の理解を深めることを目的とする広報その他の啓発活動（人権教育を除く。）をいう」（同法第2条）としている。同法の第1条では、この法律は「人権の擁護に資することを目的とする」と述べている。社会全体としての人権確立をめざすのだということであり、それとの関連で「人権尊重の精神の涵養」を人権教育の定義としているのである。

　ちなみに、同法に基づいた動きを見れば、人権教育の4側面が位置づけられていることがわかる。同法に基づき文部科学省のもとに「人権教育の指導方法等に関する調査研究会議」が2003年に設置された。この調査研究会議が2008年に発表した「人権教育の指導方法等の在り方について［第三次とりまとめ］」（以下「第三次とりまとめ」）では、同法の定義を発展させ、「人権教育は、人権に関する知的理解と人権感覚の涵養を基盤として、意識、態度、実践的な行動力など様々な資質や能力を育成し、発展さ

せることを目指す総合的な教育である」と述べ、「自分の人権とともに他者の人権を守るような実践行動に連なる」ことをめざすとする。すなわち、「人権についての教育」が、「人権をめざす教育」に通じるべきことを主張しているのである。そのために、次のような点が必要だという。

> 　人権教育を進める際には、教育内容や方法の在り方とともに、教育・学習の場そのものの在り方がきわめて大きな意味を持つ。このことは、教育一般についてもいえるが、とりわけ人権教育では、これが行われる場における人間関係や全体としての雰囲気などが、重要な基盤をなすのである。人権教育が効果を上げうるためには、まず、その教育・学習の場自体において、人権尊重が徹底し、人権尊重の精神がみなぎっている環境であることが求められる。なお、人権教育は、教育を受けること自体が基本的人権であるという大原則の上に成り立つものであることも再認識しておきたい。

　このように、この「第三次とりまとめ」では、「人権をめざす教育」や「人権についての教育」だけではなく、「人権を通しての教育」や「人権としての教育」という観点の大切さも押さえているのである。

❹人権教育の土台にある人権とは?

　では、人権教育というときに不可欠な、人権という概念をどう理解すればよいのだろうか。「人権とは優しさや思いやりのことだ」という誤った考え方がある。人権や反差別と優しさや思いやりとの間にズレがあることは、結婚差別を例に考えるだけでも明らかである。部落出身者や在日外国人との結婚に反対して「あの人とは結婚しないほうがよい」と家族が言うとき、よく語られるのは「あなたの幸せを願うから言っている」という言葉である。「優しさや思いやり」は差別する側に容易につながりかねないのである。人権はそういうものではない。たとえ直接自分と関係のない人であれ、自分と同じ権利をもっているという前提に立って考え、行動するのである。人権教育について考えるには、人権そのものをめぐる動きについてかんたんにでも振り返っておく必要がある。

現代に至るまで、社会には、不公正で不条理なことが数多くあったが、そのたびに民衆は闘い、歴史を動かしてきた。日本社会でいえば、例えば江戸時代の百姓一揆や打ち壊しであり、明治初期の地租改正反対一揆である。さらには、大正時代には、日本におけるデモクラシーの出発点ともいわれる米騒動が起こり、政府に約束をさせようとする民衆の運動が高まった。

　差別問題への取り組みも、そのような流れと絡み合って広がっていった。1911（明治44）年には、女性差別に取り組む雑誌『青鞜』が発刊された。1922（大正11）年には、部落差別に取り組む全国水平社が結成されている。1930（昭和5）年には北海道アイヌ協会が設立された。また、1925（大正14）年には普通選挙法（男子のみ）を制定させるなど、世界的なデモクラシーの流れと連動し、20世紀の初頭は、日本国内で民主主義社会の実現を求めて民衆の運動が大きく盛り上がった時期である。

　その後、日本は戦争に突入していく。1923（大正12）年には関東大震災が起こり、差別を扇動するうわさが流され、多くの在日朝鮮人が虐殺された。1925年には、治安維持法が制定され、恣意的な言論弾圧が進められていき、民衆の民主主義運動は抑圧されていった。政府による言論弾圧という面でも、民衆の間での差別の強化という面でも、人権侵害が広がり、第二次世界大戦へとつながっていった。

❺国際的な人権確立の動き

　国際的にも、歴史的にみれば、人権確立を求める民衆の動きがあり、社会が大きく変化してきた。政府を打ち倒したり、政府に新しい約束をさせたりした。そうした社会の変化のなかでも、重要な一つが、人権確立に向けた動きである。

　人権確立という点で大きな盛り上がりを見せたのは、18世紀の後半である。アメリカで独立革命が起こり、フランスで市民革命が起こった。特権の上にあぐらをかいていた貴族や宗主国の在り方に対して、新しい社会を担おうとしていたブルジョワジーをはじめ民衆が変革を求めて動いたのである。それぞれ、人々は人権という旗印を高く掲げ、新しい約束を政府に迫った。

その後も人権という旗印のもとに、大きな動きは繰り返しあったが、現代との関係で注目するべきは、第二次世界大戦後であろう。第二次世界大戦では、5000万人とも8000万人ともいわれる人たちが亡くなっていった。これは、やや低めに見積もって当時の全世界人口の2～3%、つまり当時の30～50人に1人が亡くなったということである。

戦火のなかで「人権宣言をつくろう」という運動が始まっていた。その中心の一人だったのがH・G・ウェルズである。彼は「イギリスの若者たちは、自分たちがなぜ死んでいくのか、大義も分からないまま戦地に赴かされている」と述べ、ドイツが民族差別や障害者差別を煽ることによって、国内でユダヤ人をはじめ、ロマ・障害者・同性愛者などを収容所に送り、対外的には侵略を進めていることを問題とした。イギリスをはじめとする国々は、ナチスによる人権侵害と戦っているとしたのである。アジアにあっても、日本は朝鮮や中国に対する差別意識を煽って侵略を進めていった。このような動きに対して、連合国（United Nations）の間では、人権という価値観を再び重視するべきことが共通認識になっていった。

その結果として、1945年には国際連合憲章が採択され、同憲章第1条では国際連合（United Nations、以下、国連）の目的として「国際の平和及び安全を維持すること」「人種、性、言語または宗教による差別なく、すべての者のために人権及び基本的自由を尊重するように助長奨励すること」などを提唱した。国連は1948年になると世界人権宣言を発した。その第1条では、「すべての人間は、生れながらにして自由であり、かつ、尊厳と権利とについて平等である」としている。同宣言は、自由権的諸権利（第1条から21条）と社会権的諸権利（第22条から27条）から構成されている。世界の平和を守るためには、人権保障が不可欠だという認識が根底にある。

日本国憲法はこのような時代の流れのなかで実現した。保障されている権利も世界人権宣言の内容にほぼ重なっている。何よりも、平和主義・主権在民・基本的人権の尊重といった日本国憲法の三大原則そのものが、上に述べたような国連の考え方に合致している。

その後、国連では世界人権宣言を具体化する人権条約を数多く採択し、

序論　人権教育とは何か　**13**

それらを多くの国が批准していくに至る。最初にできた人権条約は、人種差別撤廃条約（1965年）であった。これは、第二次世界大戦に突入していく過程で人種差別の扇動が繰り返し行われたことへの反省にたっている。とりわけ、ユダヤ人に対する差別は、戦後の国連体制を考えるときに抜きにできない事柄である。日本で人種差別というとまず思い浮かべられるのは黒人への差別かもしれない。国連で人種差別というとき、最初に浮かべられたのはユダヤ人差別への反省だったということになる。人種差別撤廃条約と相前後して国際人権規約（A規約・B規約・選択議定書）が採択された（1966年）。この人権規約は、その後の諸条約の土台をなした。以後、1990年頃までに女性差別撤廃条約、子どもの権利条約など20を超える人権条約が生み出され、多くの国がそれらを批准するに至ったのである。

❻人権教育の時代

　この状況を受けて、国連は1995年から2004年までを「人権教育のための国連10年」と定め、「行動計画」を策定した。人権条約が採択され、多くの国が批准するに至っている。しかるに世界では人権侵害が後を絶たない。今後必要になるのは、一方で、被害者救済をはかることである。人権を侵害されても、裁判制度しか利用できないのであれば、加害者の処罰や被害者の救済は容易ではない。裁判では、費用も期間も膨大になる。裁判よりも利用しやすく、被害者救済に有効な人権救済のシステムが必要であるとして、国連は各国に対して、政府から独立した国内人権機関を設立することを要請したのである。他方で必要とされたのが、人権教育の推進だった。政府が人権条約を批准していても、市民がそのことを知らないのでは、せっかくの人権諸条約も絵に描いた餅で終わる。市民が自分たちの人権を認識し、政府の責任を問うことができれば、人権保障も進むであろう。ここでも、政府から独立した人権教育推進機関の設置が要請されたのである。政府から独立した機関が必要なのは、政府が人権侵害に加担する傾向をもっているからである。しかしながら、いまだ日本では、そのような国内人権機関や人権教育推進機関が設置されていない。

国際的に人権教育は 1980 年頃から次第に注目されるようになっていたが、本格的に世界中で進んだのは、「人権教育のための国連 10 年」がきっかけだった。すでに述べたように、国連の「行動計画」が提唱する概念によれば、「人権教育とは、知識と技術の伝達及び態度の形成を通じ、人権という普遍的文化を構築するために行う研修、普及及び広報努力」をさしている。また、「『10 年』の活動の下での人権教育活動においては、女性、子供、高齢者、少数者、難民、先住民、極貧の人々、HIV 感染者あるいはエイズ患者、並びに他の社会的弱者の人権に特に重点がおかれる」としている。こうした不利益層への教育機会保障とともに、人権学習においてもこうした諸課題に焦点をあてるべきだというのである。

　日本国内での人権教育は、それまで部落差別の解決に取り組む同和教育運動として広く展開されていた。1970 年頃からは、同和教育と連動して、在日韓国・朝鮮人教育も広がり、障害児（者）の統合教育なども進められてきた。日本教職員組合では、部落差別に取り組む教育実践を中心にして人権教育という概念を用い、年に一度開催される日教組教育研究全国集会では、1971 年以来、部落問題を中心にさまざまな人権課題に取り組むため「人権教育分科会」を設置してきた。また、社会教育の領域では、1980 年頃から部落差別をなくすための啓発をさして「人権啓発」という概念が用いられるようになっていた。

　ただ、日本においても人権教育という概念が広く用いられるようになったのは、1995 年からの「人権教育のための国連 10 年」にかかわる動きが出てからである。さらに 2000 年になって「人権教育・啓発推進法」が制定されて、この動きは決定的になったといえよう。

　同法に基づいて 2002 年には政府が「人権教育・啓発に関する基本計画」を策定した。そこでは、日本の主な人権課題として女性・子ども・高齢者・障害者・同和問題・アイヌの人々・外国人・HIV/AIDS 感染者・ハンセン病元患者・刑余者・インターネットによる人権侵害・性的少数者などをあげていた。

　その後、人権施策は進展し続け、2016 年には、「障害者差別解消法」が施行され、「ヘイトスピーチ解消法」や「部落差別解消推進法」が制定さ

れた。「人権としての教育」保障をめざして「教育機会確保法」も同年に
制定された。

　こうして、人権教育は、個別の人権課題をさらに重視しつつ、学習権保
障を推進すべきだということが鮮明になった。

　本書は、この時代における人権教育の在り方を追究している。幅広い人
権課題を見据えながら、それらに共通する概念や枠組みを積極的に提案
し、どのようにして行動力を育むのかを考えようとしている。読者のみな
さんが本書を手がかりに自分の生い立ちや教育経験を振り返り、自分の人
生の意義を整理し直すことができれば幸いである。

❼本書の構成

　本書は、次のような章立てで構成されている。

　第1章では、学校に引きつけつつ、日本におけるさまざまな人権課題に
ついて見ていき、課題のポイントを整理する。現代社会では、さまざまな
人権課題が錯綜している。第1章では、それぞれの人権課題について基本
的事実や枠組みを論じる。取り上げるのは、子どもの人権、障害者、在日
外国人、部落差別、ジェンダーとセクシュアリティといった課題である。

　第2章では、さまざまな人権課題を横に貫く概念や枠組みを説明する。個
別の人権課題には独自性があるが、同時にさまざまな課題に共通する重要な
概念や枠組みがある。ここでは、多様性、アイデンティティ、差別、偏見、
特権など、近年の反差別・人権教育のなかで重視されている概念を取り上げ
る。あわせて、実践力や行動力につなぐために何が必要かを考えたい。

　第3章では、同和教育の歴史的実践を取り上げて、現代的な課題と重ね
て論じる。ここで大きな位置を占めるのは、「人権としての教育」や「人権
をめざす教育」である。1950年代に取り組まれた長期欠席・不就学児童生
徒の就学督励の取り組みは、現代の不登校問題に通じる。1960年代の「非
行」の克服にかかわる教育実践は、子どもの貧困化が進む現代社会に貴
重な示唆を提供している。1970年代以後本格的に取り組まれるようになっ
た学力保障は、現代の学力格差問題を考えるときに視点を与えてくれる。

1960年代後半に生まれ、その後1970年代に発展した進路保障の観点に立った実践は、近年取り上げられているキャリア教育を確かなものにしてくれる。

第4章は、生活を通して子どもがつながる集団づくりについて、その原則と方法を紹介する。これは、おもに「人権を通じての教育」にあたり、第3章で見た実践を通して整理されてきた事柄である。とりわけ、学級集団づくりのための視点とツールは、現代学校で教育にあたるには、不可欠のものだといえよう。

第5章は、「人権についての教育」に焦点を合わせた章であり、人権学習を組み立てる観点や内容を整理する。人権学習は、教えこみでは成果が上がりにくい。近年文部科学省からアクティブラーニングの必要性が論じられ、「主体的、対話的で深い学び」と説明されている。これにいち早く取り組んできたのがこれまでの人権教育である。

第6章では、学校と地域とのかかわりを論じる。貧困化や、地域住民の孤立が進んでいる。そのもとで、ソーシャルワークの必要性が語られ、学校にもスクールソーシャルワーカーが配置され始めている。第6章では、人権教育とソーシャルワークとの重なりを論じつつ、ソーシャルワークで大切にされている観点や方法を紹介する。また、地域教育コミュニティづくりとして大阪などで行われてきた取り組みを見ていく。

第7章では、これからの人権教育が直面している課題を論じる。端的にいえば、情緒的な教育を克服して具体的な個別人権課題について学び、地域社会や市民と連携して、確かな知識やスキルに裏付けられた行動力を育むことである。なぜそのように言えるのか、そのためには何が必要かを説明する。

序論　人権教育とは何か　**17**

第1章 学校・子ども・人権

1 子どもの人権

❶ 子どもの人権と私たち

　近年、いじめ、体罰、虐待など、子どもの人権侵害事象が連続して生起しており、教員養成にかかわる授業において学ぶ機会も増えてきた。しかし、これらの課題について、ややもすると、自分とは関係のない対岸の出来事ととらえたり、または、教育にかかわる者としての使命感を抱きつつも子どもを保護すべき弱者としてとらえる傾向はないだろうか。

　はたして、子ども時代、私たちは人権を享受し、人権を行使する主体として尊重されてきたのだろうか。例えば、中学・高校時代の進路選択について、学生のなかから「先生と親が勝手に決めていて、私はそれにただ従うだけだった」「塾の指導がきつくて、自分には進路選択の自由はなかった」などの声を聞くことがある。人生は何度でもやりなおせる。けれども、その時々の進路選択は自分の人生の航路の舵取りをするうえで重要なポイントだ。その意思決定のプロセスにおいて、自分の意見を表明する機会を与えられないとすれば、それは一つの人権侵害だろう。

　子どもの権利条約の第12条には、「子どもは、自分に関係のあることについて自由に自分の意見を表す権利をもっています。その意見は、子どもの発達に応じて、じゅうぶん考慮されなければなりません」（日本ユニセフ協会抄訳）と記されている。子どもが自分の願いを語り、おとなが子どもの声を聴くという、ただそれだけのことが、おろそかにされている現実が

ある。

　子どもの人権は、私たちの誰もが生まれながらに有するものであり、子どもはその権利を享有し、行使する主体である。まずもって、私たち自身が、権利の主体としての認識を取り戻し、それを表明する力量を鍛え、行使する必要があるのではないだろうか。

❷子どもの権利条約の成立とその背景

　子どもの権利条約は、1989年に国連で採択され、2018年10月現在196の国と地域が締結している。二度の世界大戦のなかで多くの子どもが戦争の犠牲となった経験から、子どもの権利擁護の取り組みが重ねられ、それまでにも「子どもの権利宣言」が策定されたことはあった。しかし、宣言だけでなく実際に効力のあるものとして、子どもの権利に関する国際的な条約が必要だった。そこで、この条約では子どもの権利を大きく4つに分類し（生きる権利、育つ権利、守られる権利、参加する権利）、地球上のすべての18歳未満の子どもが社会的に保護され人権が尊重されることを求めている。

　国際的な条約を批准した国は、条約に反する法律や行政を是正しなければならない。日本は1994年にこれを批准しているが、例えば、外国人の子どもたちの教育権保障の改善がその是正例だ。2006年、文部科学省は「外国人児童生徒教育の充実について（通知）」において、就学案内等を徹底して、外国人の子どもたちが義務教育諸学校への入学の機会を逸することがないように指示した。また、国としての基本姿勢として「外国人の子どもの公立義務教育諸学校への受入について」のなかで、「外国人の子どもには、我が国の義務教育への就学義務はないが、公立の義務教育諸学校へ就学を希望する場合には、国際人権規約等も踏まえ、日本人児童生徒と同様に無償で受入れ」ること、また「教科書の無償配付及び就学援助を含め、日本人と同一の教育を受ける機会を保障」することとしている。

　現在の日本国憲法および教育基本法は、「国民」を対象としており、日本国籍を有さない子どもについて記載されていない。しかし、子どもの権利に関する世界共通基準として、国際人権規約や子どもの権利条約には

「初等教育を義務的なものとし、すべての者に対して無償のものとする」と定められている。その国の国籍を有するか否かにかかわらず、すべての子どもは義務教育を無償で受ける権利を有するのである。子どもの権利条約を理解するうえで「子どもは生まれる環境を選べない存在である」という共通認識が必要だ。その前提をふまえて、私たちは、子どもが成長していくために必要な権利を、具体的かつ実践的に保障していく必要がある。

❸4つの大切な原則

　子どもの権利条約は全54条で構成されているが、そのなかに、条約全体を解釈・運用するうえで基本となるものとして4つの一般原則がある。それは、差別の禁止（第2条）、子どもの最善の利益（第3条）、生命への権利、生存・発達の確保（第6条）、子どもの意見の尊重（第12条）の4つであり、他の権利を守っていくときの前提となるものである。

「子どもの権利条約」一般原則

● 差別の禁止（差別のないこと）第2条
　すべての子どもは、子ども自身や親の人種、性別、意見、障がい、経済状況などどんな理由でも差別されず、条約の定めるすべての権利が保障されます。

● 子どもの最善の利益（子どもにとって最もよいこと）第3条
　子どもに関することが行われる時は、「その子どもにとって最もよいこと」を第一に考えます。

● 生命、生存及び発達に対する権利（命を守られ成長できること）第6条
　すべての子どもの命が守られ、もって生まれた能力を十分に伸ばして成長できるよう、医療、教育、生活への支援などを受けることが保障されます。

● 子どもの意見の尊重（意見を表明し参加できること）第12条
　子どもは自分に関係のある事柄について自由に意見を表すことができ、おとなはその意見を子どもの発達に応じて十分に考慮します。

（日本ユニセフ協会）

また、子どもの権利条約の特筆すべき点として、「保護の客体から権利行使の主体へ」というフレーズに象徴されるように、それまで子どもを保護の対象としてきた考え方を転換し、独立した人格と尊厳をもった権利を享有し、それを行使する主体として子どもを位置づけていることがあげられる。子どもが主体として問題解決にかかわっていく教育的な働きかけや、子どもがその解決に向けたプロセスに参画できる条件整備が求められる。

❹ 子どもの権利と児童虐待

　大阪府では人権白書のなかで、「子どもの人権」問題として、「家庭における児童虐待、学校や施設における体罰、さらに児童買春・児童ポルノをはじめとする性犯罪、薬物乱用」また、「学校における暴力行為、いじめ、不登校の問題」をあげている。ここでは、そのなかから児童虐待について「子どもの権利」の視点から述べたい。

　1990年代、日本でも児童虐待の存在が社会問題化し、2000年には「児童虐待の防止等に関する法律」（児童虐待防止法）が施行され、身体的虐待、性的虐待、ネグレクト、心理的虐待の4種類の虐待の定義などが記された。しかし、このとき「子どもの人権」の視点は不十分であり、また防止のための責務についても具体性に欠けていた。一方、児童相談所における相談処理件数は5年間で約3倍に増え、2004年度には33,4083件にものぼった。この2004年に、児童虐待防止法は大きく改正がなされ、なかでも、第1条（法の目的）に「児童虐待は著しい人権侵害である」と明記された。この改正は、国が児童虐待を子どもの人権侵害であることを認めたものであり、その後の政策に大きな影響を与えることとなった。

　例えば学校において、教職員は子どもの虐待に気づきやすい立場にあり、子どもや保護者・家庭の状況を把握し、虐待のサインに気づくこと、そして早期発見に関する努力義務が課されるようになった。それは、国内法である児童虐待防止法はもとより、国際条約である「子どもの権利条約」の第3条（児童の最善の利益）、第12条（意見表明権）、第19条（虐待からの保護）に根拠がある。特に、早期発見のためには、「いやなことをされたらNOと

言う」「信頼できるおとなに相談する」という権利を子どもが行使できるように学習の機会をつくることが必要だ。学校教育においても、「保護の客体から権利行使の主体へ」という子ども観の転換が求められている。

2 | 障害者と人権

❶個人モデルを批判する

「人権とは誰のものですか?」。そう質問されたら、あなたはどう答えるだろうか。おそらく多くの人が「みんなのもの」「すべての人のもの」と答えるのではないかと思う。すべての人が生まれながらにもつ権利が基本的人権であることを学校でも習ってきただろうし、私たちは正解をちゃんと知っているわけだ。

ではその学校で人権学習を受けていた時間、そこに果たして「自分」はいたかと考えたらどうだろう。すべての人には当然自分も含まれるはずだが、人権なんて自分とは関係ないと思いながら授業を受けていたことはなかったか。人権の授業は社会的弱者のことを学ぶ時間であって、自分とは直接関係ないと思ってはいなかったか。つまりここには大きな矛盾が生じている。人権の授業を受ければ受けるほど、人権が自分とは関係ないものになっていくという極めて深刻な矛盾だ。

障害者問題学習も同じである。機能障害の知識や手助けの方法を身につけ、障害者を理解すること、簡単にいえば障害をもって困っている人のことを学ぶ時間だと多くの人は考えている。やはりここにも自分はいない。健常である自分自身や健常者中心社会の在り方を振り返る視点はここにはない。例えばこのような問題を考えたらどうだろう。現在、障害児が通常のクラスに在籍していることは都道府県によってはめずらしくなくなってきたが、そこで障害児と健常児の間になんらかのトラブルが起きたとする。問題解決に向けた取り組みとしては、障害児の機能障害をよく知り、そのかかわり方、支援の仕方を生徒たちに理解させるといったことがよく

行われている。しかし、そもそもなぜ教師の発想はこうなるのだろうか。

　ここで視点を変えてみたい。これが被差別部落出身の生徒と出身外の生徒の間で部落問題に関連した問題が生じた場合だったらどうなるか。そのような問題が起これば、部落差別に関する学習の必要性が意識されていくだろう。個人間の問題が発生したその背景にある、社会的な問題に目を向けていく必要があるからである。しかし、障害児と健常児の間に起こるトラブルではどうか。機能障害に対する理解が欠けているから問題が発生したとその原因がとらえられ、その結果、障害児に対する個人的な意識の変容がめざされていく。つまりここでは社会的な問題を考える視点がまったく欠如しているのだ。「障害の個人モデル」と呼ばれるこの考え方が、現在厳しく批判されていることを、教育現場はもっと知る必要があるだろう。

❷社会モデルで考える

　この個人モデルに対して、機能障害のある者と社会的な障壁との相互作用に注目し、その結果生じる不利益や活動の制約に焦点をあてるのが社会モデルである。教育や労働、交通アクセスや介助保障などにかかわる各種の制度設計、障害者差別のメカニズムの究明など、障害者問題のあらゆる分野で必要とされているのが社会モデルの視座だといえよう。

　一方子どもたちを見れば、すでに小学生の段階から個人モデル的な考え方が身についている状態である。障害者がいろいろなことができないのは（機能）障害をもっているから、という極めて単純な認識は単純だからこそ根深いものになっていく。この認識を変えていくためには、社会構造上の問題を明らかにし、なかでも障害者の主体的な活動を取り上げていくことが重要である。障害者運動は社会のどこに問題があると考え、実際にどのように社会を変えてきたか。そのような学習からは、障害の視点から見えてくる日本社会の問題が浮かび上がってくるはずだからだ。

　しかし実際に行われているのは、その反対としか言えないような学習である。障害者問題学習でよく取り上げられている題材にバリアフリーがあるが、それはハード面のバリアが目に見えやすいからだろう。その解決方

法もわかりやすいから、とも考えられていそうだ。実際にこのような学習を見聞きする機会があった。それはユニバーサルデザインを通して自分たちの身の回りを見直すことを目的に、ユニバーサルデザインのどういうところがみんなに優しいか、そして自分にできることは何かを考えるという内容の学習であった。生徒たちの答えはありきたりなもので、エレベーターやスロープをつくるといったものである。

　生徒たちからこのような未熟な答えが出てくるのは何も不思議ではない。問題はそこではなく、この学習のプログラムそのものだろう。私自身が何よりも疑問に思うのは、なぜこの教師が生徒にだけ「自分にできることは何か」などと問いかけることができるのかという点につきる。生徒に問うのであれば、教師は交通アクセスの改善に向けて実際に何か取り組んだことはあるのだろうか。もしなければ、なぜ生徒にだけ問うことができるのか。この点に無自覚な問いかけは、生徒に対して極めて不誠実なものだといわざるをえない。

　では活動したことがなければ、生徒に伝えることはできないのだろうか。そんなはずはない。まずは交通アクセスの改善に向けて一番取り組んでいるのは誰かを考えてみればいい。それは、その問題に最も直面している障害者たちであるし、問題に直面しているからこそ、問題の在りかが誰よりもわかっている人たちでもある。教師自身が問題をよくわかっていないならば、その問題をよく知る人たちに学ぶことが知識の習得に対する誠実な姿勢でもある。その姿勢は生徒にも伝わるだろうし、障害者自身の主体性から学ぶことの大切さを考えさせもするだろう。そのためには現場とつながり、現場に謙虚に学びながら必要な知識を身につけていくことが求められているはずだ。

❸健常を問い、自分に向き合う

　現在、障害者の表記にかかわってさまざまな議論がなされている。私自身は"障害者"と漢字表記でそのまま書くことにしているが、ここで考えたいのはそのことではない。障害の害はひらがな表記にすべきだと熱心に

主張する健常者が、なぜ自らをあらわす“健常者”という表記に一切の疑問をもたないのかという問題である。常に健やかな人などどこにいるのだろう。少し考えただけでもいくつもの疑問が出てくるような言葉だが、問題を抱えているのは障害者のほうだと考えているかぎりはなかなか出てこない疑問でもある。まるで自分たちは無色透明で、徴のない存在だと健常者は考えているみたいだ。

　また、「障害者も健常者も同じ人間だと思っているし、自分は差別なんてしたことがない」と思っている健常者も少なくない。そのような健常者が、知的障害者の当事者運動「ピープルファースト」のスローガンを聞いても「ふ〜ん」と素通りするだけかもしれない。そのスローガンとは「私たちは障害者である前に人間だ」というものであるが、ではこれまでの人生で自分は人間だと言わなければならないことがあったか、振り返ってみたらどうだろうか。大学生たちに質問をすれば、多くの者がそんな経験はないと答える。そして、この言葉を言わなければならないのは自分が人間として見られていないときであることに気づき、スローガンが問いかけていることの重みが見え始めてくる。自分も社会の構成員の一人であることを考えれば、ある人たちにこのような言葉を言わしめている社会と自分との接点を自覚し始めていくことにもなる。

　さらには、「自ら望んで障害者になった人はいないと思う」というよく聞かれるこの発言にも同様の問題がある。これは自己選択の結果でないものに対して責任を問うべきではなく、支援が必要という善意からでてくる発言でもあるが、なぜ、いつも障害者側だけに意思の有無が問われるのだろう。自らの意思で健常者になった人だってどこにもいないはずだ。その意味ですべての人の誕生はただ一つの例外もなく同じである。ではなぜ、ある状態で生まれた、例えば障害をもって生まれた人が不利益を被るのだろうか。それは、生まれてくる社会にすでに不平等が存在しているからとしか答えようがない問題だ。ならば必要なのは、自らを棚上げにして障害者にだけその意思の有無を問うことではなく、私たち一人ひとりが不平等の撤廃に取り組むことである。

第1章　学校・子ども・人権　25

そして今、障害者問題を考えようとするとき、2016年7月26日に神奈川県相模原市で起こった障害者施設における殺傷事件を忘れることはできない。驚くほどの速さで風化が進む現在、私たち一人ひとりがこの事件にどのように向き合うことができるのか、その意味を考え続けていくことが強く求められている。

3 在日外国人と多文化共生

❶在日外国人って、どんな人?

「私の身近に〈外国人〉はいなかった」「最近、〈外国人〉が増えたね」などと言うとき、頭のなかにいるのはどんな人物だろうか。

法律上は「日本国籍をもたない者」が外国人だ。ただ、日常会話のなかでは国籍の有無でなく、外見や日本語の力・発音などをものさしに、ふわっと〈日本人〉〈外国人〉を分けていることが多いだろう。改まって考えてみれば不確かで、人によってまちまちな、ぼんやりした基準。しかし、私たちの社会では〈日本人〉〈外国人〉と二分することが、日常的に行われている。そうやって分けられるのはどういうときだろう。どんな必要性や理由があって〈日本人〉から〈外国人〉を分けるのだろうか。

〈外国人〉の人権にかかわる行政・法律の表現を見てみよう。2006年3月の総務省通知「地域における多文化共生推進プランについて」では「国籍や民族などの異なる人々」、2016年6月施行「本邦外出身者に対する不当な差別的言動の解消に向けた取組の推進に関する法律（ヘイトスピーチ解消法）」では「本邦外出身者」と表現されている（「本邦」は日本のこと）。つまり〈外国人〉が被る差別や暮らしにくさといった社会問題に際しては、必ずしも国籍の有無で区切られないということである。日本国籍をもっていても、日本に生まれ育って日本語を母語としていても、そんなこととは無関係にカテゴライズされ、あるときは〈外国人〉だから差別・排除する言動の標的になり、あるときは〈外国人〉だから国際交流の人材と

してもてはやされる——そんな日本社会を生きる、日本以外の国や地域／海外にルーツをもつ人々を、本節では〈外国人〉とあらわす。

❷ 日本の外国人政策——「移民政策はとらない」の矛盾

　マジョリティ／マイノリティは、日本語で多数派／少数派と訳される。そして〈外国人〉は明らかに少数派だが、社会問題を読みとく際に重要なのは数の多寡よりもその「力の差」である。マジョリティはその社会の主流派に位置し、常識（とされる価値観）・慣習（暗黙のルール）を支配する力をもち、マイノリティはマジョリティがもつその力をもたない。その社会で周縁化されやすく、被害の声も見過ごされがちな人々がマイノリティである。その力関係は社会構造によって生じるが、他のさまざまなマイノリティと違い、日本国籍をもたない人々は法的に権利を制限されていることへの留意が必要だ。

　多くの国で外国から来た人（一世）に権利制限があるが、現地で生まれた二世には権利としての国籍取得を認めることが多い。日本はその権利を認めていないため、三世、四世に至っても日本国籍がなく権利の制約を受け続ける人がいるという、先進国では特異な国である。「経済財政運営と改革の基本方針2018—少子高齢化の克服による持続的な成長経路の実現—（骨太の方針）」（2018年6月15日、閣議決定）でも、外国人労働者受け入れ拡大を謳いながら「これは移民政策ではない」と強調していたように、生活者として〈外国人〉が定着する道はひらきたくないというのが日本の外国人政策の基本枠組みなのである。

　その枠組みは、旧植民地—宗主国という関係性から在日に至った朝鮮半島・台湾出身者の処遇を考える時機であった1945〜52年を起点としている。約70年前、日本は旧植民地出身者に対して、差別の是正も日本で暮らす権利の整備も行わず、逆に彼らの日本国籍をはく奪することでその歴史性を抹消、国籍を理由に排除を合法化する道を選択した（田中、2013年）。

　国際的には「移住の理由や法的地位に関係なく、本来の居住国を変更した人々を国際移民とみなす」のが通例（国際移住機関による「移民」定義）

第1章　学校・子ども・人権　**27**

である。来日当初は短期出稼ぎのつもりでも、求められて働くうちに滞在が長びき、生活者として日本に暮らすようになった人々は多いし、今後も減ることはないだろう。それはとりもなおさず、日本社会の便利さや快適さが、彼らの働き抜きに成り立たないことも示している。私たちはすでに「ともに生きる」ステージの当事者なのである。

❸〈外国人〉の子どもたちと教育

日本では〈外国人〉の子どもたちが自分につながる言語や文化を学ぶ権利も軽視されてきた。心ある教員・学校の自助努力による教育支援を文部科学省が追認したのが 2006 年だ（「外国人児童生徒教育の充実について」2006年 6 月 22 日、初等中等教育局長通知）。前述した 1945～52 年期、植民地支配で学ぶ機会を奪われた言葉や歴史を学ぶための学校を日本政府は認めなかった（以後、日本では外国人学校・国際学校が正規学校に認可されづらい）。しかし、ルーツの言語や文化を学びたいと願った在日コリアンの思いは民族学校に結実し、またその願いに応えた日本人教員との協働によって公立学校内でも「民族学級」「国際学級」などと呼ばれる教育実践が創造された。その蓄積が 80 年代以降の新たな〈外国人〉児童生徒増に応えることになる（志水他、2008 年）。

子どもの権利条約では、第 30 条で少数民族や先住民の子どもがその民族の文化や宗教、言語を学ぶ権利が明記されている。他にも難民の子どもが保護される権利（第 22 条）、国境を越えた離散家族の再統合の権利（第10 条）なども記されている。日本もこの条約を批准しているが、〈外国人〉の子どもの権利が守られているとは言いがたい（宮島ほか 2017）。〈外国人〉は少数だから仕方がないのだろうか。

しかし考えてみてほしい。たかが 1 人や 2 人の声を聴いていられないと切り捨てる行為が常態化すれば、多数派のなかにある異論や個別性も次に切り捨てられる予備軍となる。次に切り捨てられるのは誰か……という恐れと不安の蔓延は子どもから安心を奪う。安全・安心は人権保障の基本だ。私の、あなたの周りで、一人ひとりが安心して過ごせているだろう

か。一人ひとりが、尊重されているだろうか。

❹同調圧力と同化主義

　移民のような文化的少数者が、その社会の主流／多数派文化に影響されていき、その習慣や考え方を内面化することを同化という。多数派＝マジョリティのつくりだすルールに慣れるのは生活上必要なスキルであり、日本の「郷に入れば郷に従え」という諺も異文化に参入した人が生き抜くための知恵といえる。しかし「そういうものだ」とみなが思いこんでいる「郷」の習慣や考え方が、実は非合理で理不尽だということはありえないだろうか。

　異なる習慣・価値観をもつ人との出会いは「そういうもの」という思いこみを相対化し、検証と変化のチャンスをもたらす。「マイノリティがマジョリティに合わせるべき／マジョリティは自分の在り方を変えるべきでない」という考え方を同化主義という。これは自然と起こる同化とは別物で、マイノリティの内面／精神性を否定する差別の一形態である。日本は同化主義ゆえに変化のチャンスを逃し続けている国だ。差別が可視化／問題視されず根強く残っているのも、それゆえである。

　日本で同化主義が根強いのは、日本社会に特徴的な同調圧力の高さも関係している。私がどう考えるか、どうしたいかということより、周りがどう思うか、どんな行動が求められるかを察知して、そつなくふるまうことを求められる社会では、正しくとも異論が言いにくい。そして結果的に理不尽なルールや決定に多くの人が巻き込まれ、不公正や差別のある社会を追認してしまう。1970年代、「日本国籍がないから〇〇できない」を「仕方がない、そういうものだ」と受け流さず、「それは差別ではないか」と異論の声をあげた人々が、日本社会を少しずつ変えてきた。今も「〈外国人〉だから仕方がない、そういうものだ」という思いこみはあちこちに存在する。「本当に仕方がないのか」と立ち止まって考えてみてほしい。そして異論の声をあげることを恐れず、あがった声をキャッチできるアンテナを磨くために学んでほしいと思う。

第1章　学校・子ども・人権　**29**

4 部落差別と人権

❶明治の資本主義社会になって始まった部落問題

　部落差別とは、明治維新以前の身分制度をもとに、明治になってから生じた社会問題である。

　江戸時代は武士・百姓・町人の三つを基本とする身分制度が社会全体に行きわたり、さらに細かな身分によって構成されていた。例えば、武士の世界にも譜代大名・外様大名・旗本・直参・与力・同心・足軽・中間などがあった。百姓にも本百姓と水呑百姓など細かな身分があった。このように、いわゆる被差別身分だけでなく、すべての人たちが身分によってがんじがらめにされていたのである。ただ、江戸時代においてはすべての身分について、身分と職が一体のものであり、それは被差別身分の人たちについても同じであった。「かわた」などの被差別身分のなかにも、経済的には百姓身分よりも豊かだという例が少なからず存在したのである。

　明治政府は、1871（明治4）年の太政官布告で賤民制を廃止した。天皇のもとにすべての臣民は平等になったとして、これを「解放令」と呼んだ時期もあった。けれども、賤民制廃止は、すべての民から租税を「平等に」集める「地租改正」（1873年）を行うためであった。農業をしていた人たちは、江戸時代には耕すべき土地を決められ、そこを離れることは許されなかった。しかし、「地租改正」などによって、その土地が自分の所有地とされ、自由に売買できるようになった。

　問題は、社会全体が資本主義の仕組みに変わったもとで、明治政府が「地租改正」を行うことで、江戸時代の年貢以上に重い地租を課して現金で納めることを強いた点にある。重い地租などのため、農業を続けられなくなった農民は、土地を売って都会などに出て行き、労働者として働く道を選ぶこととなった。こうして都市部における低賃金労働者が増大した。

　江戸時代に被差別身分だった人たちも、明治になって自らの土地を得

た。高率の地租などにより他の農民と同様に貧困を強いられ、土地を売って都会に出る例があった。しかし、行政的には誰が旧被差別身分だったかを示す戸籍制度がつくられ、社会的には差別意識が存続した。そのため、旧被差別身分の人たちは雇ってもらえない例が後を絶たなかった。就職差別の始まりである。こうして旧被差別身分の人たちは、特に経済的な貧困を強いられることとなった。資本主義社会のもとで、「差別と全般的不利益の悪循環」（第2章3節参照）が起動し始めた。

　結婚差別も封建時代にはあらゆる身分で問題であった。江戸時代には、同じ身分同士で行われるのが当たり前であったから、身分を超えた結婚はすべて問題となった。明治時代になってからは旧身分を超えた結婚が広がっていった。ところが、被差別部落（以下、部落）の人たちとその他の人たちとの結婚にあっては、他の場合よりも厳しい差別があった。そこから部落差別にかかわる結婚差別が重要な問題となっていく。この就職差別や結婚差別に象徴されるように、今日の部落差別は資本主義社会になり、市民社会になったからこそ発生している問題なのである。

　このような背景により今日の部落問題が発生した。部落差別とは、明治時代になって封建主義の時代から資本主義の時代へと移り変わり、制度的な身分がなくなったにもかかわらず社会的な差別が存続したため、旧被差別身分と見なされた人たちが社会的に排除されたり、貧困を強いられたりするなど、さまざまな生活上の不利益を強いられるようになったという社会問題である。

❷被差別部落の人たちによる差別反対闘争

　この状況に対して部落出身者たちは抗議の声をあげるようになった。各地で運動が展開されたが、世界的な労働運動や人権運動、社会主義運動などと連動しつつ、1922（大正11）年には全国水平社が創立された。その精神を謳った「水平社宣言」は、自主解放の精神をその特徴とする。他の人たちが施すのではなく、部落出身者が自ら状況を変えることこそ重要だとしたのである。当初の水平社は差別と貧困とのつながりをとらえ切れてい

なかったが、見方を次第に変えていった。

　日中戦争や第二次世界大戦が強まるなかで水平社は消滅したが、第二次世界大戦が終了してまもなく、部落解放運動を展開しようとする人たちは、新たに部落解放全国委員会を結成する。

　部落解放全国委員会は、1951年に起こった京都の「オールロマンス事件」をきっかけに、部落の貧困や生活環境の劣悪さの原因は部落差別にあることを明らかにして各地で運動を展開した。行政の責任を問い、施策を求める運動は、行政闘争と呼ばれた。自治体行政は運動側の指摘を正当なものと認めるようになっていったが、地方自治体の予算だけで問題解決することは不可能であった。1950年代後半になると、部落の人たちと地方自治体が協力して「国策樹立請願運動」を進め、政府に施策を求めるようになった。

❸戦後の政府による政策動向

　国策樹立の請願を受け、1965年に内閣同和対策審議会答申が出された。同答申では「（同和問題の）早急な解決こそ国の責務であり、同時に国民的課題である」と謳った。また、「『寝た子を起こすな』式の考えでは差別はなくならない」ことも明確に述べていた。さらに差別は心理的差別と実態的差別からなるという見方を打ち出し、生活の貧困や環境の劣悪さも差別のあらわれだという立場に立った。

　答申では、部落差別をなくすために、①環境改善や生活改善のための特別措置法を制定して同和地区への施策を行うこと、②施策を一体のものとして行えるよう政府に「同和対策推進協議会」を設置すべきこと、③地方自治体の施策が一定の水準で行われるように施策は高率の補助金で行うべきこと、④長期的展望の下に環境改善・産業・職業・教育などの各面にわたる具体的年次計画を樹立すること、⑤学力保障・進路指導・就学援助など同和教育を具体化しその徹底をはかること、⑥差別に対する法的規制を進めて差別から保護するために必要な立法措置を講じることなどを提唱した。

　1969年に同和対策事業特別措置法が制定された。この法律は、内閣同和対策審議会答申のなかの①②③④⑤に相当する事業に関する法律であ

る。いずれも「同和対策事業の対象地域」内の改善のみに偏っていた。⑥の差別に対する法的規制についてはまったく措置されなかった。

　同和対策事業とその後継事業は30年間にわたって展開されてきたが、2002年をもって事業の裏付け法が失効した。以後、部落問題にかかわる法律のない時代が15年間続いたのである。2016年12月になって「部落差別解消推進法」が制定された。これは、日本の歴史のなかで初めて「部落差別」という言葉を冠した画期的法律である。政府は社会全体の差別意識根絶に向け動き始めたことになる。しかし、同法には改めて部落差別とは何かを定める定義がなく、特段の予算的裏付けもない。相談や教育の他、実態を把握することの必要性は定められており、これをテコとして取り組みを進めることが期待されている。

❹現代における部落差別の現実

　先の部落差別解消推進法（2016年）は、その第1条において「現在もなお部落差別が存在するとともに、情報化の進展に伴って部落差別に関する状況の変化が生じている」と述べて、現在も部落差別が根強く存在していること、それが新たな形も取りつつあることを確認している。

　「現在もなお部落差別が存在する」というのは、同和対策審議会答申でいう同和問題が現在も存在しているという意味である。同答申は、これまで廃棄されたことはない。それに代わる新しい答申が出されたわけでもない。したがって、同法は、同和対策審議会答申の内容をふまえているということができる。

　同法は「情報化の進展に伴って部落差別に関する状況の変化が生じている」とも述べている。インターネットなどの情報化が進展するもとで、差別を助長する誤った情報が流布されている。全国の被差別部落の地名や所在地を記したウェブサイトがある。個人を特定して、誰が部落出身者であるかをアウティング（暴露）したウェブサイトがある。インターネットにいったん流された情報は、回収し、除去することがほとんど不可能である。そのようなもとで、部落差別に対して新たな対応が求められている。

5 ジェンダーとセクシュアリティ

❶学校の風景を変えていく

　もしも、大学において伝統的で支配的な不文律があり、「学籍上女子学生（男子学生）と見なされている人は赤のカバン（黒のカバン）を身につけるべき」だとされていたら、どうだろう。赤と黒に二分されたその光景は少し珍妙というか、滑稽にすら見えるのではないだろうか。

　しかし、かつて、赤と黒のランドセルは、子どもたちが「学校は男と女を明確に分けて扱う」ということを学習する最初の洗礼であった。少し前までは、小学校の教室の棚には、例えば左側は男子の名列票が貼られ、黒のランドセルが、そして右側は赤のランドセルが並んでいたものだ。しかし、この光景の背後には、「女の子なんだから赤を買いなさい。いじめられたらどうするの」「黒のランドセルがいやだと言ったら、おじいちゃんに男のくせにと怒られた」など、ありのままの自分を封じ込める経験をした子どもたちの声が隠されていた。

　日本の学校文化においては、子どもたちを男女に二分割し、さらに男子を優先した不文律が多くあり、それらは根強く学校のなかで生きてきた。例えば、学校でつくられる名簿は、かつては男女別に作成され、男子は前、女子はその後に続くものとされていた。学校におけるこの男女別名簿システムは、子どもたちに男子優先の性別分化システムを刷り込んでいく基本媒体であった。例えば、あなたの学校では、生徒会の会長は男子で、女子は副会長という暗黙のルールはなかっただろうか。

　このように、学校は、子どもたちを「男らしさ」「女らしさ」へと水路づけてきたが、それらは、明文化されたものではなく「隠れたカリキュラム」として学校文化に深く根を張っていた。「隠れたカリキュラム」とは、教育する側が意図する・しないにかかわらず、学校のなかの慣習や教師の日常的な言動のなかで、子どもに対して価値を伝達し、また、子どもたちも学

34

校生活のなかで自然と学びとっていくものである。このような文化に慣らされることは、社会全体の性差別の実態、女性のおかれている低位の労働環境と別個のものではない。平等であるはずの学校教育が、実は、性差別を助長するジェンダー意識を再生産する役割を果たしてきたのである。

そんな学校の風景を変えた出来事を一つ紹介しよう。ある会社が始めた多色ランドセルである。最初は、赤と黒以外のランドセルを求める顧客の声を受け止めるところから始まったという。この会社が商品開発を進める決定打となったのは、調査をした結果、「ランドセルは男が黒、女は赤」は慣習にすぎず、法や条例、校則などに規定されたものではないと気づいたことにあった。慣習ならば、顧客のニーズに応えながら、その慣習を超えていくものをつくればよいのである。そして多色ランドセルの売れ行きは、当初の懸念を吹き飛ばすほどの勢いとなった。今、小学校の教室の棚を見ると、実にカラフルなランドセルが並んでいることが多い。しかも、多くの学校で男女混合の名簿システムが浸透し、棚に貼られた名列票も男子と女子に二分割されることも少なくなってきた。埋もれていた子どもたちの願いを掘り起こし、学校の風景を変えた一つの象徴といえる。

❷「普通」を疑い、「当たり前」を超える

固定的な性別役割分担意識を強いてくるジェンダー意識の強い学校文化において、「男らしさ」の枠組みにはまらない男の子や「女らしさ」の枠組みにはまらない女の子は息苦しさを感じる。例えば、「可愛らしいものが好き」というその子の好みが、「男のくせに」可愛らしいものを好んで、「女みたい」と烙印をおされ、いじめの対象となりかねないのだ。なかでも息苦しさを感じているのはセクシュアル・マイノリティの子どもたちだ。

セクシュアリティは人の数だけあるといわれるように、幾つかに分類できるものではない。しかし、現在のところ、多様なセクシュアリティのことを総称して LGBT や LGBTQ と表現することが多い。L とはレズビアン＝自分のことを女性と認識し女性を恋愛の対象とする人のこと、G とはゲイ＝自分のことを男性と認識していて男性を恋愛の対象とする人のこ

第1章　学校・子ども・人権　35

と、Bとはバイセクシュアル＝男性・女性のどちらも恋愛の対象とする人のことをいう（性的指向）。また、Tとはトランスジェンダー＝生まれたときに割り当てられた「カラダの性別」と自覚する「ココロの性別」に違和を感じる人のことをいう（性自認）。そして、Qとは、自分のセクシュアリティをまだ決められない、またはあえて決めない人のことを意味するクエスチョニング（Questioning）や、LGBTに当てはまらない人も含めた性的マイノリティの総称としてのクイア（Queer）を意味している。

今、日本では、LGBTQ「当事者」の割合はおよそ7.6％といわれており、40人クラスならば、教室に2〜3人ということになる（電通総研、2015年）。自覚する時期は一様ではないが、自分のセクシュアリティに気づき始めた子どもたちが、男らしさ女らしさを強要してくる学校文化のなかで、学校に来づらくなったり、自殺を考えたりするケースは後を絶たない。

文部科学省も、2015年には「性同一性障害の子どもに係る児童生徒に対するきめ細やかな対応の実施等について」を出し、学校における支援の具体的事例を示し、また、性同一性障害以外の性的マイノリティにも言及している。さらに2016年には、「性同一性障害や性的指向・性自認に係る、児童生徒に対するきめ細かな対応等の実施について」を教職員向けに作成して、性的指向・性自認の考え方を示すようになってきた。「性別は男か女のどちらかで、男（女）なら女（男）が好きになるのが『当たり前』」という言説は、事実ではなくつくられた虚構だった。当然のことながら、私たちの学校や職場でも、LGBTQ「当事者」はともに学び、ともに働いている。誰もがありのままの姿で生きていくためには、「普通」を疑い、「当たり前」を超えて、多様な性の在り方を認め合える環境（学校・職場）が必要だ。

❸「男女平等幻想」を超えていく

「男女雇用機会均等法ができて日本は男女平等になった」というコメントをときどき見かける。しかし、現在の日本における男女の社会的地位や経済的な格差についてデータで確認すると男女平等とはほど遠い。そもそも男女雇用機会均等法は男女雇用平等法ではないという事実を知ること、そ

して、雇用機会均等と雇用平等の違いは何かを考える必要があるだろう。

　日本におけるジェンダー格差の現状について、海外各国と比較検討するために、世界経済フォーラムによるジェンダー・ギャップ指数を見てみよう。この指数は、①経済：労働人口、所得、管理職、②教育：識字率、進学率、③健康：平均寿命、④政治：議会議員の人数の男女比等、4つの分野のデータから作成している。2018年、日本は149カ国中110位であり、分野別に見ると、①経済117位、②教育65位、③健康41位、④政治125位であった。特に、他国に比べて、政治経済的側面において格差が大きく、ジェンダー格差の極めて大きな国であることが明らかとなった。経済的側面における格差の実態を、男女別の年間平均給与から見ると、男性521万円に対して女性は276万円と、その差は歴然としている。また、給与所得者の階級別分布では、女性の場合64%が年収300万円以下であり、低所得者層に女性が集中していることがわかる（国税庁「民間給与実態統計調査」2015年）。

　次に男女雇用機会均等法である。この法律は、その名のとおり「機会の平等」を保障するものであり、格差の是正という実質的平等を保障するものではない。確かに、均等法制定によって、企業は、「男性は営業職、女性は事務職」というような明白な男女別採用はできなくなった。しかし、そこで企業は、基幹的な業務を行う「総合職」と定型的な業務に従事する「一般職」という「コース別人事制度」を考え出し、前者には転居を伴う転勤を課し、後者には転勤がないとした。こうして、実際には、総合職のほとんどを男性が占め、一般職は女性ばかりとなっているなど、実質的には、旧来の男女別の雇用管理制度として機能させている実態があるのだ。

　さらに、家事育児に関して、日本では、共働き世帯でも家事は約8割、育児は約7割の男性が「全く行っていない」のが現状だ（総務省「社会生活基本調査」2016年）。家事や育児にかかわりたいという男性も増えている。同性カップルにとっての生き方・働き方の問題もあるだろう。しかし、それを実現するための労働環境、その願いを応援する周囲の社会意識が不十分である。「男女平等幻想」を超えて、自分たちの願う生き方・働き方を実現するための社会の在り方を考えることが必要だ。

第1章　学校・子ども・人権　**37**

第2章 人権を学ぶ基礎概念

1 │ 多様性とアイデンティティ

❶多様性とは

　多様性すなわちダイバーシティ（Diversity）とは、さまざまに違いがあることをさし、多くの場合、違っている人たちが社会や世界を共有して、ともに生きるのを大切にすることを意味している。本書では、自然のなかの生物多様性ではなく、主として人間の間にあるさまざまな違いをテーマに取り上げる。特に重視するのは、ジェンダー、民族性（エスニシティ）、「人種」、社会的身分、階層（階級）、言語、障害、性的指向、性自認などである。それ以外にも重要な違いは、姿形、家族構成、能力（スキル）、好き嫌い、感情などさまざまに存在する。

❷金子みすゞと「みんなちがってみんないい」

　金子みすゞさんは「みんなちがってみんないい」と歌った。一見ほのぼのとした詩だが、金子みすゞさんの生い立ちや人生を学ぶと、彼女のこの言葉が決してほのぼのとした生活から生まれたわけではないことがわかる。金子みすゞさんは、3歳のときに父を亡くし、弟は養子として他家にもらわれていった。実の弟でありながら、その弟に「わたしが姉だ」とは言えない関係が続いた。小学校時代、女学校時代こそ落ち着いた生活を送り、のびのびと力を伸ばしたようだが、弟を養子に出した家に母が再婚するなど、人間関係の面ではさまざまに思い悩みながら過ごした。23歳で、

政略結婚とわかっていながら断ることができない事情があり結婚した。夫は失業状態で、その夫には性病をうつされ、体は弱っていく。詩作も夫にむりやりやめさせられた。離婚を言い渡され、授かった子どもも親権を盾に元夫に取られてしまいそうになる。当時の法律では、親権は父親にのみ認められていた。結局26歳のときに、彼女は睡眠薬を飲んで自ら命を絶ち、夫に対して抗議の意思をあらわした。金子みすゞさんの人生を学ぶと、「みんなちがってみんないい」という言葉が、彼女の強烈な憤りや悔しさと二重写しになってくる。

　金子みすゞさんに通じる悔しさを抱いて生きている人は現代社会にも数多くいる。DVで体や心に傷を負わされている人たちや、ヘイトスピーチを浴びせられて心だけでなく人生そのものをつぶされそうになっている人たち、社会に出て行こうとすると周りの好奇の目にさらされかねない人たちや、結婚や就職、大学入試などで裏切られた人たちである。

　「みんなちがってみんないい」を願いにとどまらせず、現実のものとするには、さまざまな視点や枠組み、学習の組み立てが必要である。自らの社会的立場や個性に気づき、それを強みに変え、世の中の矛盾を見抜いて自らの課題とし、周りや広く社会に働きかける視点や手だてを身につけることが求められている。

❸「多様性を尊重する」とは

　「多様性を尊重する」とは「差別に反対し、差別をなくすために取り組む」ことなのである。金子みすゞさんがそうであったように、世の中にある人権侵害や抑圧は、法律などの制度によって支えられている場合も多い。金子みすゞさんの場合には、当時の憲法や民法が女性を差別し、女性に親権を認めず、女性の社会進出を妨げていた。そのような法律の在り方を変えていくことが重要である。また、そのような法律と表裏の関係にあるものとして、社会の文化や人々の意識がある。女性の社会進出を押しとどめる社会の文化や意識を変えていくこと抜きに、法律の改正もありえない。

第2章　人権を学ぶ基礎概念　**39**

もちろん「差別に反対し、差別をなくすために取り組む」とは、制度を変えるために取り組むことだけを意味するのではない。周りの人との関係の取り方をも意味する。例えば、友人から「自分はこんな被害を受けて傷つき悩んできた」「私は被差別者だ」と打ち明けられたとしよう。「そんなことは関係ない。あなたはあなただ」と返すだけでよいのだろうか。あるいは、「相手が気にしているならそのことには触れないようにしよう」と腫れ物に触るような対応をすることがよいのだろうか。被差別状況にある人にとって、自分の被差別状況を他の人に明かすのは簡単なことではない。それを打ち明けられたとすれば、相手は、あなたとの関係をいっそう深いものにしていきたいと願っているのではないか。相手との誠実な関係を育んでいきたいなら、「腫れ物に触る」のとは別な道があるはずだ。言葉でどう返すか、どんな態度で接するかは、とても重要なことになる。この点については、本書の別な箇所でていねいに述べているので、そこを参照してほしい（第4章4節）。

❹社会的・文化的アイデンティティ

多様性という概念をこのようにとらえるとき、重要な意味合いをもつようになるのがアイデンティティという概念である。

アイデンティティ（Identity）とは、「これこそ自分そのものだ」「これを欠くと自分は自分でなくなる」と思えるような自分の特性についての自覚をさす概念である。これはさらに大きく二つに分かれる。一つは、自分がどのような社会的集団に属しているかということについての自覚で、「黒人としての誇り」や「部落出身者としての自覚」などである。いま一つは、自分の趣味や性格特性がどのようなものであるかについての自覚であり、「私は優しい人間だ」「私の趣味は熱帯魚を飼うことだ」などがこの面である。前者を社会的（文化的）アイデンティティと呼び、後者を個人的（人格的）アイデンティティと呼ぶことがある。本書でアイデンティティという場合、主として社会的アイデンティティを意味している。

社会的アイデンティティのなかでも、多様性や反差別というときに重要

になるのは、生まれながらの属性にかかわるアイデンティティである。日本国憲法第14条は、「すべて国民は、法の下に平等であつて、人種、信条、性別、社会的身分又は門地により、政治的、経済的又は社会的関係において、差別されない」と定めている。このなかの信条以外は、生まれながらの属性である。国連が採択した障害者の権利条約は、その前文で「人種、皮膚の色、性、言語、宗教、政治的意見その他の意見、国民的な、種族的な、先住民族としての若しくは社会的な出身、財産、出生、年齢又は他の地位に基づく複合的又は加重的な形態の差別を受けている障害者が直面する困難な状況を憂慮」するとしている。ここでも、あげられたほとんどは生まれながらの属性である。生まれながらの属性によって差別を受け、不利な立場に立ちやすくなっているとき、その属性をもつ人たちは、自分がその立場にあることを意識せざるをえず、自分のその属性についてアイデンティティの感覚を伸ばしていきやすい。

アイデンティティの感覚は、はじめ否定的であることも多い。「どうしてこんなところに生まれてきたんだろう」「うちの親はどうしてこんななんだ」などである。そこから、歴史や社会、親の生いたちなどのとらえ返しを通して、肯定的なアイデンティティへと変化していく。

今日的な意味でのアイデンティティという概念を最初に提唱したのは、エリク・エリクソン（1902〜1994）である。彼は、ドイツで生まれ育ったユダヤ人であった。ところが、いろいろな事情で父親がわからず、自分の名字もわからない状態だった。「自分はいったい何者なのか」。それが彼にとっては重要な問題であり続けたのである。エリクソンはアンナ・フロイトの弟子となり、精神分析という枠組みで自分の問題も考えるようになった。そこから生まれた概念がアイデンティティである。

その後、ドイツでナチスが政権を握ると、彼は出国し、1939年にはアメリカの国籍を取った。アメリカにおいても子どもたちの成長について研究を重ねながらアイデンティティや人間の社会的成長について考察を深めた。

アイデンティティという概念は非常に多義的であったが、彼の提唱した

この概念は、1960年代のアメリカにおいて若者の異議申し立て運動や黒人の公民権運動の後ろ盾となった。黒人たちは社会からの否定的な見方により、自分で自分のことを否定的にとらえる傾向も強かった。しかし、公民権運動のなかで黒人たちは、自分たちが黒人であることは恥ずべきことではなく、黒人を差別している社会にこそ問題があるのだということを宣言し始めた。そこから、「ブラック・パワー」や「ブラック・イズ・ビューティフル」といった合言葉が生まれるようになる。このようなとらえ返しを促した概念の一つがアイデンティティなのである。

2 | バイアスを見抜く①

❶「差別」とは何か

「差別してはいけない」という点に反対する人はほとんどいないであろう。しかし、何をもって差別と規定するのか、具体的にどのような現象を差別と見なし、どのような行動を差別として処罰したり規制したりするべきなのか、明らかでない場合がほとんどである。この点についての整理は急務である。ここでは「差別」という概念を中心に、それと関連する諸概念を定義しておくことにしたい。

「差別」とは、雇用・教育・住宅・融資・政治などのさまざまな分野で、個人や集団がもっている現実もしくは架空の特徴に基づいて、不公正に人への処遇を違えることをさしている。この場合のポイントは、「不公正」という点にある。処遇を違えるほうが公正だという場合には、同じ処遇にすることが逆に差別になる。例えば、聴覚障害のある人が大学などで授業を受講する場合、その人に対してはノートテイクや手話通訳など、なんらかの合理的配慮が必要になる。何もせず他の健聴者と同じ処遇にしたら、その受講生は得られる情報が著しく限られることになり、不公平だといわざるをえない。この場合は、適切に処遇を違えることが「公正」だということである。差別と区別の違いが論じられることがあるが、ポイントは、

なんらかの区別が「不公正」かどうかという点にある。

　ただし、「不公正」かどうかによって差別を定義したからといって、混乱が解決するわけではない。むしろ、何をもって公正と考えるのかということについて、個人的にも社会的にもいっそう考えを整理し、感覚を研ぎ澄ますことが求められることになる。

❷個人的差別と制度的差別

　差別はいろいろに分類されるが、分類の一つは、個人的差別と制度的差別である。個人的差別（individual discrimination）とは、特定の個人や組織が別な人や集団を差別する現象をさす。つまり特定の加害者がいる場合である。それに対して制度的差別（institutional discrimination）とは、特に特定の加害者がいなくても制度や社会の在り方によってある集団が不利益を被る現象をさしている。制度的差別というと法律による差別をイメージするかもしれない。しかし、制度的差別という概念が提唱され始めたのは、法律が差別を禁止するようになっても被抑圧状況がなかなか変わらないことを指摘するためであった。具体的には、アメリカにおいて黒人などの権利獲得の取り組みにより、1960年代になると法律的にはかなり平等が実現するようになったが、それにもかかわらず黒人の不利益状況は続いていた。それを問題提起するために打ち出された概念が制度的人種差別（institutional racism）であった。つまり、特定の誰かが差別をしているわけではなくても、黒人の側の被抑圧感は変わらない、もしくは前よりも重苦しい状況を強いられている、というのである。

　日本語で「差別」といえば、そのなかには意識も含めて考えることが多いといえるであろう。このように広い意味の差別に相当する英語の概念は、接尾語のismである。ismを日本語に訳すときには「主義」とされることが多い。しかし、ismには「主義」以外に、alcoholism（アルコール依存症）のように「依存症」という意味合いもある。差別問題でいうismも依存症と考えるほうが適当である。例えばracismは人種差別と訳されるが、実態としては人種依存症と訳すほうが正確である。「人種」によって

対応を変えたり、特定「人種」を高く評価したりせずにはいられないような意識・行動・社会制度をさす。ただし日本においても、英語を原文とする人種差別撤廃条約や女性差別撤廃条約などの条約およびそれらに基づく法律で「差別」というときには、英語の discrimination をもとにしているので、行為をおもにさしている。

❸ステレオタイプ

　差別に関連するさまざまな概念がある。それぞれについて、日本では世界的な議論とズレた受け止め方や理解があるので、注意する必要がある。ここでは、おもな概念として、ステレオタイプ、偏見、スケープゴート、ヘイトスピーチについて、英語における意味と関連づけながら日本語における意味を論じることにしよう。

　ステレオタイプ（Stereotype）とは、「○○に属する人はみんな××だ」というふうに、ある集団に属する人たちを十把一絡げにし、過度に一般化した認識で、社会に広く見られるものをさす。ステレオタイプという概念は、英語では人間集団についてのみ用いられ、机や椅子など物に対して用いられることはほぼない。また、単なる個人的な思いこみや決めつけではなく、社会的に広くもたれている対人的な固定観念に限る。相手への感情や評価が肯定的か否定的かは特に問わない。一見肯定的なステレオタイプも否定的な結果を招きかねないからである。このような意味でこの概念を初めて用いたのは、ウォルター・リップマン（1889〜1974）である。人間は、概念を使うことで物事を一般化して思考するので、ステレオタイプをまったくもたずに暮らすことはむずかしい。むしろ、自分がステレオタイプをもっていることを自覚しつつ、それが次に述べる偏見にならないよう、凝り固まったステレオタイプをほぐしていくことが必要である。

❹偏見

　偏見（prejudice）とは、相手に関する十分な情報がないままに善悪や好悪を決めつけるような（とりわけ否定的な）感情・評価・構えのことで、変

わりにくく頑迷になった意識状態をさす。英語の prejudice が通常「偏見」と訳される。しかし、日本語でいう「偏見」は、ちょっとした思い込みもさすことがある。日本語の「偏見」という言葉は、英語のステレオタイプに近い意味合いで使われることが多い。それに対して英語の prejudice は、日本語の「偏見」よりも人格全体にかかわる強烈な概念である。英語でprejudice というときには、「好きだ」とか「嫌いだ」など強烈な好悪の感情や、「悪人だ」とか「善人だ」など二元的な善悪の決めつけなど、ジャッジ（裁き、審判）が重要な位置を占める。ステレオタイプはその特徴に合わない実例に出合えば変化する可能性があるが、prejudice は社会的な権力関係がかかわっているせいもあってステレオタイプよりもしつこくて変化しにくい点に特徴がある。なお、後でも述べるように、差別行為は、偏見から生じる場合もあれば、偏見なしに生じる場合もある。

❺スケープゴート

スケープゴート（Scapegoating）とは、なんらかの問題状況の責任を特定の個人や集団になすりつけ、その個人や集団に罪があると見なす考え方や行為をさす。その集団さえいなくなれば問題が解決するかのように主張し、行動することである。典型例は、第二次世界大戦時のドイツにおいてナチスが、ドイツ経済破綻の原因をユダヤ人に求めたことであろう。なお、もともとスケープゴートという言葉は、古代のユダヤ教において、雨乞いなどのために山羊を殺して神様に供えたり、野に放って神様に捧げたりしたことに由来する。

❻ヘイトスピーチ

ヘイトスピーチのなかには、ここまでに述べてきたような問題が充満している。英語の hate は、通常「憎しみ」と訳される。しかし、ヘイトスピーチやヘイトクライムという場合のヘイトとは、強烈な差別意識のことである。誰かに対する悪口を言うだけではヘイトスピーチとは言わない。特定集団に対する差別を煽る言説こそがヘイトスピーチなのである。

ここにあげた概念は、ピラミッドのように積み重なって成立している。一番土台のところにあるのは、ステレオタイプなどであり、それに基づくうわさである。その上に偏見が位置する。社会にこれらが充満しているとき、その上に登場するのは差別を煽る差別落書きであり、ヘイトスピーチであった。さらに、物理的な暴力が登場する。特定集団の所有物を壊し、身体を傷つける。そして、最後に待っているのが集団虐殺である。

　第二次世界大戦などの教訓が教えるのは、ステレオタイプなどによるうわさから集団虐殺まではすぐ近くだということである。だから、うわさや落書きなどがでてきたときにはすぐに対処しなければならない。放置すれば問題は容易にエスカレートするのである。

　このような概念や、それぞれの関係について、日本社会に即して整理することが求められている。日本の法体系は、差別言動の規制よりも言論の自由を優先する傾向が強い。誰か個人を特定して根も葉もない非難をすればそれは名誉毀損になる。しかし、特定集団をさして根も葉もない非難をしても犯罪にならない。このままでよいのかどうか。議論は始まっているが、まだ広く行われているわけではない。社会的な差別の事実に即して、どうあるべきかを話し合い、それを深めていく力を育むことが求められている。

3 ｜ バイアスを見抜く②

❶「差別と全般的不利益の悪循環」

　すでに述べたように、差別にはさまざまな側面がある。その一つが、「差別と全般的不利益の悪循環」（次頁の図参照）である。歴史的に長い期間差別を受けてきた集団は、さまざまな不利益状況におかれていることが多く、それが親の代から子どもの代へと伝わっていく。このことを「差別と全般的不利益の悪循環」と呼んでいる。略して「差別の悪循環」などと呼ぶこともある。

図　差別と全般的不利益の悪循環

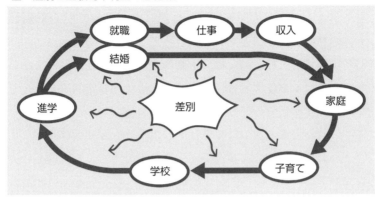

　歴史的に長い期間差別を受けてきた集団は、学力・学歴・職業・収入・社会経済的地位などでそれ以外の住民に比べて低かったり不安定であったりすることが多い。この現象が生じる原因は、それぞれのプロセスに差別があるということである。
　以下、部落差別を例に「悪循環」の説明をするが、このような「悪循環」が露骨な形であらわれていたのは 1960 年代、同和対策事業が実施される以前の段階であり、現在は異なるあらわれ方もしている。
　被差別部落（以下、部落）出身者は、学校で、職場で、地域で、部落出身ということにより無視されたりいじめにあったりしてきた。それぞれの場で差別にあうことにより、不利な状況に追い込まれやすくなる。
　いま一つには前のプロセスが後のプロセスに影響することである。いくら努力して高い成績をあげても「部落出身だから」という理由により就職ではねられる。そのために不安定な仕事に就く人が多くなりやすい。親の経済状況などが影響して子どもの教育が思うようになりにくい。かつてであれば、親が学校に行けなかったために、子どもに文字の読み書きを教えられないという例が少なからずあった。子どもたちは、学校で学ぼうとしても文房具や教科書をそろえられない事態が発生していた。そのために勉強がしにくかったりする。相対的に学力が低くなり、進路にも影響する。そういうなかで踏ん張って一生懸命勉強し、学力を伸ばしたとしても経済

第 2 章　人権を学ぶ基礎概念　47

状況から進学できなかったりする。それをのりこえて大学などに進学して勉学に打ち込んだとしても、就職の際に部落出身だからと採用されない。こうして、不利益状況が子どもへと伝わってしまうのである。

　被差別者が経済的・社会的な機会を制約されるというだけではない。そのもとで育っていく被差別者は、さまざまなものを否定的にとらえてしまうことがある。なぜ自分の住む地域はこんなに貧しいのだろう。なぜ自分の親は文字の読み書きも十分にできないのだろう。なぜ親はこんな仕事に就いているのだろう。困難な状況で一生懸命自分を育ててくれている親を否定的に見る。「遊びに来させるなと親に言われた」など、自分たちのことを悪く言う同級生を信頼できない。なぜうちの地域はそんなふうに言われるのか。こんなふうに思っているうちに、自分で自分のことを否定的に見てしまうようになりかねない。これが悪循環の二つめのレベルである。

　さらに、このような悪循環を放置していると、差別されない側が人や出来事に対する見方をゆがめてしまう。「あの人たちはサボっている」「差別される原因はあの人たち自身にある」「あの人たちは怖い」などである。このような意識は、世界中のさまざまな差別に共通してみられる。問題を社会的にとらえ、社会に原因を求めないかぎり、このようなゆがんだ見方に囚われていってしまうのである。

　こんなことが社会にはびこっていると、社会は有為な人材を損なうことになる。結局、社会全体が不利益を被っているのである。

　繰り返し述べるが、このような「悪循環」が露骨な形であらわれていたのは 1960 年代であった。同和対策事業が実施される以前の段階である。部落解放運動では、このような悪循環を 1950 年代から認識していた。だから、この悪循環全体を断つために、同和対策事業を求め、学力や進路の保障を求め、差別の法規制を求め、すべての人たちに部落問題学習の機会を求めてきた。例えば、義務教育教科書の無償化は、1950 年代末から 1960 年代初めにかけて、部落の子どもたちや保護者、子どもたちの暮らしに心を痛める教育関係者の力によって実現した。

❷「逆差別」論の登場

　教科書無償は、すべての国民に及んだので、「どうしてあの人たちだけ」という批判はあらわれなかった。けれども、1969 年に制定された同和対策事業特別措置法により、同和対策事業が進められるようになると、「部落の人だけずるい」といった意識が地区外に広がるようになった。2010 年に大阪府が実施した人権問題に関する意識調査によると、部落差別が現在でも存在すると答えた人たちに「なぜ現在でも部落差別が存在すると思うか」と尋ねたところ、約 5 割の人たちが「同和地区の人だけ優遇しているから」と答えた。すでに述べたように、同和対策事業は 2002 年をもって終了している。同和対策事業が終了して 10 年近くたったあとでも、同和対策事業が部落差別を存続させているのだと答える人が多かったのである。このように不利益状況を改善するために行っている特別措置を否定的に見て、「逆に自分たちのほうが差別されているようなものだ」とする考えのことを「逆差別」意識と呼んでいる。

　ここでは、部落問題を中心に「逆差別」意識を説明してきたが、他の問題でも同様である。例えば、女性が痴漢に遭う心配をせずに電車に乗れるように設置されている「女性専用車両」に対して否定的な意見がある。障害のある人に合理的配慮を行うことに対して否定的な意見がある。アイヌ民族に対して行われてきた事業に対して否定的な意見がある。

　それぞれ、残念ながら、そのような特別措置によって不利益状況がまったくなくなったとか、逆に被差別者側に有利な結果がもたらされているというところまでは進んでいない。つまり、スタートラインの平等は以前よりもいくらかは確保されるようになったが、十分に「機会の平等」が達成されたわけでもないし、所得や学歴など、「結果の平等」は達成されていないのである。それにもかかわらず、特別措置に対して否定的な「逆差別」意識は広く見られるのである。

　なぜそのような「逆差別」意識は根強いのだろうか。原因はさまざまに考えられる。

第 2 章　人権を学ぶ基礎概念　49

一つは、特別措置が行われるに至った経過を知らされていないということである。例えば、同和対策事業が行われる以前の同和地区が、どのような生活実態にあったかを知らない。痴漢に遭ったことのある女性がどれほどの比率にのぼり、痴漢に遭ったことによってどれほど傷つけられ、人生に困難を抱えるようになっているのかを知らない。障害のある人たちが、どれほど生活を制約されており、やりたいことをやれない状況におかれているのかを考えたことがない。アイヌ民族の人たちが日本政府（大和民族政権）からどのような仕打ちを受けてきて、どれほど民族の魂と生活を奪われかけてきたのかを知らない。

　二つには、特別措置による成果と課題を知らされていないということである。部落問題についていえば、同和対策事業によって、見てわかるような劣悪な住環境や貧困はなくなった。しかし、事業に至る経緯などを多くの人が知らないため、差別意識がなくなったわけではない。

❸機会の平等と結果の平等

　より重要なのは、平等概念の貧困である。日本では、平等といえば「機会の平等」だけを意味すると考えられがちである。「機会の平等」とは、誰であろうと識別せずに能力だけで判断するべきだという考え方である。しかし、これだけでは実態的差別がなくなるわけではない。もともとめざしているはずの「機会の平等」も達成できない。だからこそ、国内外では、差別をなくしていくために特別措置などをうち、「結果の平等」がめざされてきたのである。ここでいう「結果の平等」は、「すべての人の結果の平等」を意味するのではない。「重要な社会集団間での結果の平等」を意味するのである。例えば、同和地区住民と国民全体との間や、男女の間で著しい所得格差がある場合、それを「結果の平等」が達成されていないという。

❹「特権」と権力

　さらには、それらとも関連して、マジョリティ側が自分たちのおかれた

特権的状況を認識していないという問題がある。ここでいう「特権」とは、この30年間ほど、差別問題に取り組む人たちの間で注目されるようになった概念である。

　ここでの特権とは、「生まれながらの属性によって、努力せずに得た有利さ」をさす。このような意味での特権は、「人種」や民族、社会的身分（カースト）、性別、性的指向（異性愛・同性愛など）、性自認、障害の有無（種類）などをめぐって発生する。しかし、これらの違いが特権と結びついていることには、なかなか気づきにくい。不利益を被っている側はそのことによっていろいろなことを思い知らされているが、特権をもっている側は気づかないままになりがちである。このことを自覚しないまま暮らしていると、知らず知らずのうちに他者に対して傷つけたり、いやな思いをさせたりしかねない。

　日本語で特権というと、国会議員特権、例えば「全国のJRにただで乗れる」などを思い浮かべる。国会議員であることは、「努力して得た有利さ」なので、基本的にはここで言う特権には入らない。けれども、ここで言う特権を理解すれば、それの応用編として、「努力して得た有利さ」のなかにも、「不当な有利さ」があるということに気づきやすくなる。

　また、被差別者への特別措置は基本的に特権のなかに含めない。例えば、女性であれば「女性専用車両に乗れる」ということを自分のもつ特権としてあげる人がいる。しかし女性専用車両があるのは、日本社会に痴漢がよくあるためであり、痴漢の被害に遭わずにすむよう特別措置として設置されているのである。だから、それはここでいう特権とは異なる。

　差別について考えるうえで、特権という概念は重要な視点を提供してくれる。アメリカなどでは1970年代には黒人研究（Black Studies）や女性学（Women's Studies）が盛んだったが、最近では、特権概念を手がかりに、男性性（Masculinity）の研究や白人性（Whiteness）の研究が重ねられ、議論されている。男性性の研究とは、男性はなぜこれほど暴力的・攻撃的・侵略的なのかということについての研究である。白人性の研究とは、欧米白人は、どうしてこれほど侵略的であり続けてきたのかについての研究で

ある。ところが、日本ではまだまだこのような意味での特権という概念が注目されておらず、そのためにこの概念をめぐって疑問や混乱が起こりやすい。そこでここでは、特権をめぐる論点を整理することにより、共通認識を深めることをめざす。

❺特権は客観的な側面から論じる

特権にはさまざまな面がある。日本社会では、女性の平均賃金は男性より少なく、男性の６割強となっている。男女間で、賃金に関する「結果の不平等」が存在するということである。他の面、例えば女性議員の比率など政治的な面でも日本はかなり低い。痴漢やセクシュアルハラスメントといった性暴力の面などでも、被害者の圧倒的多数は女性であり、女性は不利な状態にある。これは、性別をめぐる特権の客観的側面である。このような面を意識に反映すれば、「男性は特権をもち、女性は不利益を被っている」と感じることになるだろう。

けれども、社会的に見れば不利な立場にあっても、個々人がそのように実感しているとはかぎらない。女性だからといって、「自分は不利な立場にいる」とは必ずしも思わないということである。例えば、女性差別がまた社会にあることを認識していても、そのなかで「女性として生きることによってさまざまな面が見えてくるし、より確かな生き方を獲得しやすい。だから女性であることは自分にとってマイナスじゃない。むしろ、いろいろなことを見やすいという意味では、自分にとって女性であることは特権だ」と感じている人もいる。社会的な女性差別を特に感じることなく、「女性は子どもを産めるからすばらしい。これは男性にはない特権だ」と思っている人もいる。現実には、日本社会では出産と離職が結びついている場合も多い。不利益につながりやすいのだ。そのため、出産をためらう女性も少なからずいる。このように客観的に見て不利な立場であっても、個人にとっては必ずしもそうではないことがある。このような意味で、特権には客観的側面と主観的側面があり、両者がズレていることが少なくない。ここでいう主観的な側面とは、社会的にどうかということとは

52

別に、つまるところ本人はどう感じているかということをさしている。そして、ここで論じている特権という概念は、客観的側面に依拠して組み立てられている。

上に述べてきたような意味での「特権」という概念を提唱したペギー・マッキントッシュは、これまでに発生した問題状況について次のように述べている。

> 「白人は、ちょうど男性が自分たちの特権を認めないよう教えられているのと同じように、自分たちの白人としての特権を認めないよう慎重に教え込まれているのではないだろうか。」
>
> 「私が受けた学校教育では、自分自身が抑圧者であるとか、不当に有利な立場にある者だとか、問題を抱えた文化の構成員だといった見方をするトレーニングはまったく行われなかった。」
>
> 「白人は、自分たちの生活は道徳的に中立的・模範的・平均的・理想的であると考えるように教えられているのである。その結果として、白人以外の人たちのために私たちが力を注ぐとき、"彼ら"を"私たち"に近づけるようなやり方をしてしまうのだ。」

これらはいずれも、特権を自覚していないときに起こる問題である。ペギー・マッキントッシュによると、特権を自覚できない状態におかれることは、自分たちの加害性を自覚できないことに通じる。自分の加害性を認識していない結果として私たちは、知らず知らずのうちにさらなる加害者になってしまうというのである。

特権的な関係を自覚することによってどんな活動が可能になるかということも、ペギー・マッキントッシュは論じている。

> 「この問題に向き合おうとすると、私は実力主義という神話を捨て去らなければならなくなる。これらのことが真実ならば、この国はそれほど自由な国ではない。人生とはその当人が築き上げていくものでもない。また、一定の限られた人たちには、善行などしなくとも多くのドアが開

かれていることになる。」

「私たちはまず、自分たちが努力して広めるべき《肯定されるべき有利さ》と、私たちが拒絶しなければ存在の支配構造をますます強化させてしまう《否定されるべきタイプの有利さ》とを、区別することから始めるべきではないだろうか。」

「制度的に苦労せずに獲得した男性の有利さや、与えられた支配性について、本気で悩んでいる男性に、私はほとんど出会ったことがない。よって、私や私のような人間にとっての一つの問いは、次のようになる。私たちも彼ら男性のようになってしまうのか？　それとも私たちは苦労せずに手に入れた人種面の有利さや与えられた支配性について、本気で悩むのか？　また、怒りまでも感じることはあるのか？　もしそうなら、私たちはそれらをなくしていくために何をするのか？　いずれの場合においても、私たちは実際にそれらが日常生活にどのような影響を与えているのかをもっと確認しようとする必要がある。」

「アメリカにおいては、白人の特権に気づこうとしないことは、男性の特権に気づこうとしないのと同じように文化にされてしまっているように私には感じられる。それは、実力主義の神話を維持するためのものである。自信に満ちた行動の自由がほんの少数の人のためにしか存在していないことを、ほとんどの人に気づかせないままでいることは、権力者をさらに強力にし、すでに権力のほとんどを手に入れているグループの手中にその権力をとどまらせておくことになるのである。」

（出典はいずれも、Peggy McIntosh "White Privilege: Unpacking The Invisible Knapsack"（翻訳は引用者）　https://nationalseedproject.org/images/documents/Knapsack_plus_Notes-Peggy_McIntosh.pdf　2019 年 2 月 15 日に確認）

　差別問題とは、いうまでもなく被差別者が不利益を被りやすくなっているという問題である。しかし、実際にはそのことによって差別されない側も不利益を被っている。両者が自分の被っている不利益を自覚するとき、手を結んで取り組んでいく道がさらに広がるのではないだろうか。特権という概念は、そのための手がかりを提供している。

4 | バイアスを見抜く③

　先に、「差別行為は、偏見から生じる場合もあれば、偏見なしに生じる場合もある」と述べた。この項では、差別が偏見なしに生じる場合を見ていくことになる。

❶マイクロアグレッション

　偏見なしに差別をしてしまうことを考える手がかりの一つは、マイクロアグレッション（Microagression）である。マイクロアグレッションとは、文字どおり訳せば「些細な攻撃」となる。しかし実体は、「無自覚な差別言動」というべきである。

　この概念は、アメリカで1970年代に提唱され始めた。例えば、白人が黒人に対して「どんなスポーツが得意なんですか？」と尋ねる。尋ねる側は、差別を意図しているわけではない。しかし、そこで前提とされているのは、「黒人はスポーツが得意である」というステレオタイプである。当然だが、黒人は誰でもスポーツが得意というわけではない。尋ねられた側は、自分があてはまっていないというだけではなく、尋ねている相手が無意識のうちに黒人に対するステレオタイプをもっていると気づく。1回だけならともかく、それが何度も何度も繰り返されたらどうだろうか。

　マイクロアグレッションとは、そのように、一つひとつは小さい、蚊に刺された程度の体験でも、繰り返すことによって、顔中が腫れあがり痛みが引かない状態になっていくような問題をさしている。

　日本でいえば、例えば車椅子で移動する障害者を見たときにその本人ではなく車椅子を押している人に声をかけ、「たいへんですねえ」などと言う。例えば、在日韓国・朝鮮人に対して「日本語がお上手ですねえ」と言う。相手が同性愛者である可能性を無視して男性に対して「彼女はいるの？」と尋ねる。このように、日本においてもマイクロアグレッションはさまざまに存在する。

❷機能的偏見

　ゴードン・オルポートは『偏見の心理』という著書のなかで、同調的偏見と機能的偏見という概念を提唱している（特に244〜251頁）。機能的偏見とは、相手集団に対する反感に基づく差別意識である。それに対して同調的偏見とは、相手に対する反感はないが、世の習いに則して差別しておくほうがよいというタイプの差別意識である。この二つが明瞭に区別されるわけではないが、両者を分けて考えることには意味がある。

　機能的偏見、つまりなんらかの集団に対する反感は、小さい頃から親に差別意識を吹き込まれることによって生まれる場合もあるが、特定の体験に基づいて生じる場合もある。例えば、「部落出身者に殴られた」といった体験であり、だから「部落の人には差別される原因がある」と考えるような場合である。一度そういう体験があると、自分がそのときに抱いた思いに見合った証拠を探すようになりやすい。ところが、そのような意識形成の根本となった体験を振り返れば、ほとんどの場合、それが差別する合理的根拠とはなりえないことがハッキリしている。相手が部落出身だったというが、ほとんどの場合、相手が本当に部落出身だったかどうかわからない。かりに本当に部落出身であったとしても、出会う部落出身者すべてにことごとく殴られたわけではないはずだ。そもそも、誰を部落出身とするかという単一のモノサシなど存在しない。それにもかかわらず、一度だけの体験を過度に一般化して、「部落の人はすべて……」と思い込んでいる。このような理屈の面での誤りは比較的わかりやすい。わかりやすい分だけ、その当事者は、自分の実感が正しいという証拠を集めようとするのである。

　そのような機能的偏見の持ち主に対しては、そのときの体験を整理し直すことが多くの場合は効果的である。理屈で批判されても、批判された側はかえってかたくなになったりするものである。理屈で批判することは二次的なこととして、その体験の意味を振り返ってもらうほうが整理しやすい。例えば、自分からは相手の非ばかりが目立ったのかもしれない。けれども、相手の側から見たときには異なる状況だったかもしれない。そのと

きのことを知っている第三者に確かめるだけでも、自分の思いの一面性は明らかになるかもしれない。できれば相手方になった人からの直接の聞き取りも含めて、そのときの事実をていねいに確かめて、そこから自分の実感を吟味し、再構成するのである。

このような意識を機能的偏見と呼ぶのは、差別をすることによって気持ちがなんらかの意味で落ち着き心を安らかにする、つまり心を落ち着かせるという機能を差別意識がもっているからである。

❸同調的偏見

もう一つの同調的偏見も、差別問題を考えるうえで重要な意味をもっている。例えば、結婚において、結婚する本人自身は、相手が部落出身であるかどうかなど、結婚をあきらめる理由にはまったくならない。ところが、相手が部落出身だと「わかった」瞬間から、親など身近な家族が反対する。初めは抵抗していたが、次第に周りの声に押され、ついには結婚をあきらめるという例がある。

これは、差別だけではなく、いじめなど幅広い問題においても同様である。子どもの頃のいじめを振り返ると、「周りに合わせて自分もその子をいじめないと、自分のほうにそのいじめが回ってくるかもしれないから、それが怖くていじめた」という人が少なくない。いじめの中心になって攻撃している人は、先に述べたような機能的偏見をもっている場合がある。しかし、周りにいる多くの人にとっては、いじめる特段の理由があるわけではない。「中心になっていじめている子に合わせておかなければまずい」というのが最大の理由である。

そのような理由でいじめる側に回ったという人のなかには、自分で自分を責め続ける人もいる。いじめが被害者にとって深い心の傷になることは繰り返し報告されている。おとなになっても、いじめられたときの体験がよみがえり、フラッシュバックするという人は少なくない。いじめはそれほど人生に悪影響を及ぼすのであり、許してはならない行為である。そして、被害者だけではなく、加害者や傍観者に回らざるをえなかった人に対

第2章 人権を学ぶ基礎概念 **57**

しても、それに近いような心の傷になる場合があるのである。

先の結婚差別の事例もそうだが、自分には差別する理由がないのに、周りに同調して差別する側に回ったというとき、その体験を正当化したくなることがある。「相手にも非があったのだ。どうして部落出身だと最初に言ってくれなかったのだ。卑怯だ」などと自分の行為が間違っていなかったと思おうとするのである。こうなれば、ここから先は、機能的偏見になってしまうことを意味している。

❹克服の道筋

でも、同調していじめる側に回ったり、同調して結婚差別をする側に回ってしまったりした時点では、機能的偏見があったわけではない。この二つの問題は、ある程度分けて考えておいたほうがよい。

分けて考えたほうがよい理由の一つは、両者で解決の方法が異なるからである。先にあげた事例でも触れたように、直接体験に基づく機能的偏見の場合、そのもとになった体験を振り返り、意味づけ直すことが重要となる。その努力をしながら、プラスの直接体験を重ねていけば、偏見をのりこえることが可能である。そのようにして自らの差別意識をのりこえてきた人は何人もいる。

しかし、同調的偏見を何とかするには、一方で本人たちに強い意志を育むことが重要であろうが、それだけではなく、差別をきちんと規制する法律や社会規範を確立することが重要になる。親などから「部落出身かどうか相手の身元調査をしよう」などと言われたときに、「何言うてんのん。大阪府には身元調査を規制する条例があるんや。そんなことしたら犯罪になるんやで」と言うことができれば、同調的偏見に陥りやすい人には助けとなる。条例ではなく、国家レベルで差別を規制する法律ができればなおさらである。

学級でも同様であり、いじめを先導するような子どもに対しては、その子の生いたちを振り返ったり、家族との関係を整理し直したりすることが有効な場合がある。それに対して、同調的にいじめる側に回る子どもたちにかかわっては、学級の規範をきちんとつくっていくことが大切である。

5 「寝た子を起こすな」論を超えて

❶「寝た子を起こすな」論とは

　「寝た子を起こすな」論とは、「学校やマスコミなどで差別について教えたりせずに、そっとしておけば差別はなくなるのに、なぜわざわざ教えるのか」という考え方をさす。徹底すれば「あらゆる個人と団体が差別問題を取り上げずそっとしておけば、みんなが知らなくなり、差別問題は解消する」という主張になるが、それを実際に行うことはムリであり、追求しようとすれば、「法律を制定する」「警察が取り締まる」など、「そっとしておく」のと矛盾したことをせざるをえなくなる。ただし、意識調査では、その徹底した意味合いで項目設定されていることが多い。

　この考え方がよく話題にのぼるのは部落問題についてである。「部落の人かどうかは、黙っていればわからない。どこが部落かも黙っていればわからない。だから差別のしようもない。なまじ部落差別について教えたり、どこが部落かを教えたりするから差別がいつまでもなくならないのだ」というわけである。このような考え方なので、「自然解消論」ともいわれる。実は、この考え方は部落問題以外でも出てくる。例えば性教育について、「まだ性について知らない子どもに性的好奇心をあおるようなことを教えるとは、なにごとだ」と語られる。ここでは、部落問題について語られる場合を念頭において論じることにしよう。

❷市民意識調査から

　各地で行われてきた市民意識調査によると、部落問題にかかわる「寝た子を起こすな」論を支持する人は、3〜4割程度いる（内田龍史「『分散論』『寝た子を起こすな論』に関する動向と課題」『部落問題に関する意識の変遷と啓発の課題』101〜110頁、部落解放・人権研究所、2008年）。2000年に行われた大阪府による調査においても同様に「寝た子を起こすな」論の支持者は

第2章　人権を学ぶ基礎概念　59

37%いる。重要だったのは、この大阪府調査では、これまでの同和問題学習で「自然解消論（放っておけばなくなるという考え）の誤り」を学んだことがあるという人が回答者全体の3.4%にとどまっていたということも明らかになっていたという点である。3〜4割が疑問に思っているのに、その疑問に答える学習を経験した人は3%程度しかいない。逆に、3.4%しか学んだ人がいないから、「寝た子を起こすな」論がはびこっているということもできる。子どもが学校で部落問題について学んでも、家に帰ればその学習を否定する発言に出合う可能性が高いということになる。

❸「寝た子を起こすな」論の誤り

この「寝た子を起こすな」論の誤りは、さまざまに論じることができる。

第一に、歴史的にいって1871年に賤民制廃止令（いわゆる「解放令」）が出されて以後、部落問題にかかわる取り組みはなかった。つまり「寝た子を起こすな」論は50年にわたって実践されてきた。ところが、それにもかかわらず部落差別はなくならなかった。そこで設立されたのが水平社だということになる。学校の教科書についていえば、1975年になるまで、小・中学校の教科書に部落問題はまったく掲載されていなかった。つまり、明治以後100年にわたって学校では教えてこなかったのである。100年間にわたって「寝た子を起こすな」論を学校が実践してきたのに部落差別はなくならなかった。だから学校でしっかり教えようということになった。その後50年程度にわたって教科書に掲載されてきたおかげで、「部落差別はいけない」という認識が広くもたれるようになったということができる。ところが、それはいまだ不十分なため、部落差別を追い詰めるためには、さらに努力が必要なのである。

第二に、各地の意識調査によると、学校で教えるようになったとはいえ、学校からではなく身近な人から部落問題を教えられたという人が、まだ多数派を占めている。その情報の多くは、残念ながら差別的な内容である。学校が教えなければ、差別的な情報が身近な人により伝えられるのである。加えて最近では、インターネットを通じて差別的な情報を得ている

人が増えてきている。部落差別の歴史や現状について誤った情報がネット上にさまざまにあげられている。どこが部落なのか。誰が部落出身なのか。調べるにはどうすればよいのか。放っておけば、そのような情報に接する子どもやおとなが広がっていくと考えざるをえないのである。

　第三に、積極的に取り組んだことによって、部落差別を封じ込める成果を上げている。例えば1970年代に発覚した『部落地名総鑑』事件がある。200を超える著名な企業や大学などが、全国の被差別部落の地名を所番地まで記した書籍を5〜10万円で購入していた。企業によっては、実際にその本を使って部落出身者を排除していた。この問題は、関係者の匿名による告発から始まり、政府も動いて取り組みが進んだ。その結果、企業内同和問題研修推進員という制度が設けられ、同和問題企業連絡会議が結成され、企業による人権啓発が進む端緒となったのである。1969年に制定された同和対策事業特別措置法に基づいて環境改善などの事業が進められた結果、地域の住環境などが大幅に改善された。部落に対してかつては住環境の劣悪さからくる差別的な見方があったが、現在ではそのような声はあまり聞かれなくなった。こんな例は枚挙にいとまがない。

　しかし、最も重要なのは、この考え方が、差別を受けて悔しい思いをしている人に対して「黙っていなさい」と言うに等しいという点であろう。「自分の子どもがいじめを受けている」と主張する親に対して、学級担任が「お母さん、お父さん、そんなにさわいではいけません。いじめはそっと黙っていればなくなります」と言ったらどうなるだろうか。また、身近な誰かが「セクハラを受けた」とあなたに助けを求めてきたとする。そのときにあなたは「セクハラはそっとしておけばなくなる。事を荒立てないほうがよい」と言うだろうか。「寝た子を起こすな」論は、部落問題についてそれを実践しているのである。

❹「同対審答申」のなかで

　以上のようなことから、1965年に内閣同和対策審議会から出された「同和対策審議会答申」でも、この考え方は否定されている。

第2章　人権を学ぶ基礎概念　61

> 　このようなわが国の社会、経済、文化体制こそ、同和問題を存続させ、部落差別を支えている歴史的社会的根拠である。（中略）しかるに、世間の一部の人々は、同和問題は過去の問題であって、今日の民主化、近代化が進んだわが国においてはもはや問題は存在しないと考えている。／けれども、この問題の存在は、主観をこえた客観的事実に基づくものである。／同和問題もまた、すべての社会事象がそうであるように、人間社会の歴史的発展の一定の段階において発生し、成長し、消滅する歴史的現象にほかならない。／したがって、いかなる時代がこようと、どのように社会が変化しようと、同和問題が解決することは永久にありえないと考えるのは妥当でない。また、「寝た子をおこすな」式の考えで、同和問題はこのまま放置しておけば社会進化にともないいつとはなく解消すると主張することにも同意できない。
>
> 　　　（「同和対策審議会答申」（1965 年）第 1 部 - 1「同和問題の本質」）

　この答申の延長線上に、2016 年 12 月には、「部落差別解消推進法」が制定された。これは、部落差別をなくすために政府が先頭に立って取り組むことを宣言した法律である。このように、1965 年以来、日本政府は一貫して部落差別に取り組むことを鮮明にしてきた。研究者の論文でも、「寝た子を起こすな」論を支持する例はない。

❺「どう教えるべきか」へ

　それにもかかわらず、根強く市民のあいだに見られるのはなぜだろうか。「寝た子を起こすな」論を唱える人は、差別の実態や運動の成果をあまり知らない場合が多い。部落差別について時間をとって考えたことも少ない。だから、気やすく「教えなければよいのに」と思ってしまいやすいのだ。今起こっている部落差別の現実をわかりやすく伝えることが重要になる。

　自分の受けた同和教育や部落問題学習の在り方に疑問を抱いている場合もある。「あんな教育をするぐらいなら、何もしないほうがましだ」というのである。そうであるならば、その疑問を言語化してもらい、ていねいに聞き取ることが重要になる。意見の背景には、部落問題に関するこれま

での施策や教育の不十分性がある。具体的な教育の方法や内容の改善に向けた提案につなぎたい。「教えるか、教えないか」ではなく「どう教えるべきか」と考えることを提案したい。

最後に、「そっとしておけばいいのに」という意見も、「部落差別はないほうがよい」と思っているからこそ出てくる意見だということは忘れてはならない。とりわけ、部落出身者の唱える「寝た子を起こすな」論は、「いい加減に取り組んでほしくない」という思いのあらわれであることが多い。そのことをふまえて、考えを深めていきたいものだ。

6 | 実践的行動力を身につける

❶その場でどう行動するか

以上のように、差別やいじめなどを分析的にとらえる力が育まれれば、そこから次には、どのような行動をするかが問われることとなる。どのような行動をするかと考えるとき、それを二つに分けて考えると、深めていきやすい。一つは、直接身の回りで差別やいじめなど人権侵害があったときにどうするかである。もう一つは、社会全体を変えるためにどうするかである。まず、前者から考えることにしよう。

ここでは、いじめをテーマに考えてみたい。いじめの被害は深刻である。ときには、おとなになるまで影響は及ぶ。被害にあった人は人間に対する信頼感を失い、おとなになっても対人関係に不安を抱き続けたりする。被害は数十年、時には一生続くということだ。そのような被害の深刻さについて、身近な人の体験を通して学ぶことは、大きな意味をもつ。問題に対処する側もその点は同じである。学校でいえば、子どもだった頃のいじめ体験を教員同士で交流し、共有するのである。そうすれば、心を一つにしていじめ問題に取り組むことができるようになるかもしれない。

クラスでいじめが起こっているとき、「見て見ぬふり」をする傍観者になってしまうことはままあるものだ。「いじめるのはやめよう」と言えば、

自分もいじめのターゲットにされかねない。傍観者になってしまうことは、苦しいことでもある。しかし同時に、いじめられている人にとって、傍観者は加害者と同じように見えることが多い。

　重要になるのは、なんらかの行動をするということだ。被害者の味方になるには、その場で直接止めに入る以外にもさまざまな行動がありうる。先生に話す。被害にあっている同級生に「一緒に帰ろう」と声をかける。友だちに語りかけ、一緒に動こうとする。こういう選択肢をできるだけ数多く思い浮かべ、自分にできることに取り組むのである。できること、取り組みやすいことは、一人ひとり違うはずだ。要因を整理し、取り組み方を選ぶ必要がある。だから、そういう行動ができるようになるには知恵がいる。

　陥りやすいのは、自分の生まれついての性格や性分に原因を求める思考法だ。自分には勇気がないとか、優柔不断などと、自分を否定する方向に発想が縛られると、解決できるはずのことも解決できなくなる。同じ人間でも、時によって傍観者になることもあれば、いじめをなくそうと取り組むこともあるものだ。同じ人間なのに、なぜあるときは傍観者にとどまり、別なときには介入するのかを考えると、性格や性分では説明がつかない。

　介入者にならず、傍観者にとどまってしまう原因を探れば、いろいろな要因が浮かぶ。ある教材では、次のような要因をあげている。

> A. 介入すると自分に不利益をまねきかねない。
> B. 自分の力を超えている。
> C. 被害にあっているのかどうかわからない。
> D. 自分は働きかける立場や役割にない。
> E. 被害による傷の深さがわからない。
> F. どうすればいいのかがわからない。
> G. 被害者を友だちと思っていない。
> H. 自分には関係がない。

　このような思いがあるとき、私たちは傍観者にとどまってしまうことがある。要因を探り、特に重要な要因、取り組みやすい要因をあげてその要因をのりこえる視点や方法を考えたいものだ。

例えば「介入すると自分に不利益をまねきかねない」という思いが強いときには、不利益を招かずにすむような手だてを考えるということだ。先生に言うとか、友だちに話す、などはそういう手だての一つである。

　こうして、いろいろな方法を試しながら、解決に向けての道を切り開くことができる。このような発想法は、人生で直面するさまざまな問題に適用できる。

❷社会に働きかける

　身の回りで問題が起こっているかどうかにかかわらず、社会全体に働きかけることも必要である。子どもに何ができるかと否定的な発想に囚われる必要はない。私たちには、多くの先輩がいる。

　例えば、アメリカのあるウェブサイト（https://myhero.com/）は、広島で被爆した佐々木禎子さんをヒーローの一人としてあげている。佐々木禎子さんをヒーローと呼ぶことには抵抗を感じる人もいることだろう。彼女はヒーローというよりも原爆の被害者なのである。ではなぜその彼女を、そのサイトではヒーローとしているのだろうか。

　彼女は、折り鶴を折り、祈った。直接には自分の病気が治ってほしいということだが、それは平和を願う行為でもあった。しかし、願いもむなしく彼女は亡くなってしまった。彼女の同級生たちが立ち上がった。彼女の思いを受け継いで、「原爆の子の像」を完成させた。「原爆の子の像」のいちばん上に禎子さんは折り鶴を掲げもって立っている。それ以来、千羽鶴を折ることは反原爆の平和への願いをあらわすようになった。

　千羽鶴を折ることは、禎子さん以前から、願いを叶えるための祈りの方法とされていた。それが、禎子さんの「原爆の子の像」以来、平和を求める行為へと特別な意味をもつように変わったのだ。2016年5月、オバマ大統領（当時）が日本に来たとき、同大統領自身の折った折り鶴が届けられた。その折り鶴から、多くの人はオバマ大統領が禎子さんを知っていること、平和への願いを強くもっていることを感じ取った。折り鶴を折るという行為だけで、平和への思いを表現することができるのである。折り鶴

は、小さな子どもにも折れる。禎子さんとその同級生の行動により、さまざまな人が平和への行動をとれるようになったのだ。

　だから、佐々木禎子さんはヒーローの一人とされている。禎子さんの思いを受け継いだ同級生たちもヒーローだ。禎子さんたちは、「戦争をやめよ」「核兵器を廃絶せよ」「平和な社会をつくろう」と社会に発信し、しかもそこに小さな子どもたちも参加できる道筋があることを示したのである。

　こんなふうに、子どもたちにも社会を変えることができる。

　同じような実例は世の中にあふれている。1960年頃まで、義務教育の教科書は有償だった。全国各地の部落などで生活に困っていた子どもたちは教科書を買えなかった。憲法第26条に「義務教育は、これを無償とする」という言葉があることを知り、子どもたちは教科書無償に向けて動いた。数年の後、国会で義務教育教科書等無償法が制定され、すべての子どもたちの教科書が無償になった。また、1980年頃まで在日外国人は公務員になれなかったが、ある高校生たちの運動により郵便外務職など一部であれ公務員になれるようになった。

　こういう先輩たちの実例に学ぶことによって、なぜその取り組みが成功したのかが見えてくるだろう。成功につながったポイントに学びながら、自分たちなりにできることを探し出せるはずだ。例えば、身近な実例を通して訴える。法律的裏付けをもつ。さまざまなメディアを活用する。手当たり次第に人に働きかける。歌や踊り、絵や演劇など芸術を使う。他の地域や外国の人とつながる。他にもたくさんの方法がある。

　ここでも、たくさんの方法をあげ、そのなかから自分たちにできることを選び出すことが大切だ。ありきたりな方法だけでは解決しない場合がほとんどである。ありきたりな方法だけで解決するなら、とっくに解決されているだろう。だから、できるかぎり幅広く多様な方法をあげ、自分たちでさらに編み出すことが必要なのだ。

　日本では、子どもや若者が自分たちの社会的意思表明に動く事例が限られている。例えば、授業料が値上げされると聞いても、ほとんどの人が動かない。けれども、世界で見れば、授業料値上げに反対して行動する子どもや若者はたくさんいる。そういう事例から学びたいものだ。

66

同和教育実践の再発見

　本章は、タイトルを「同和教育実践の再発見」としている。まず現代の子どもの育ちと学びをめぐる課題を取り上げ、その課題意識に重ねる形で、理解を深め、解決に向けて確かな視点と示唆を与えてくれるものとして同和教育の歴史的実践を紹介する。格差社会が進むなか、これからの日本の学校教育を考えるうえで、今を生きる子どもたちの事実と重ねながら読んでいただきたい。

1　学校を欠席する子どもへの取り組み

❶人権の視点で不登校を考える

　YouTube で「仁の物語」と打ち込んで検索してみよう。心を揺さぶるような歌声とともに、ストーリーがテロップで流れる。この物語の主人公は仁、中学3年生だが、学校には行っていない。画面には「どうせ俺、中学卒業して働くから、今更行っても行かなくてもかわんねぇよ」という文字が浮かぶ。仁の母親は、複合的な背景により「心の病気」になり、家事も仕事もできない状態だ。進路選択を目前にして「今は俺が学校に行かずに家のことをして弟の面倒を見ている。学校に行ってないんやない。学校に行っている場合じゃないんや」と仁は心のなかでつぶやく。仁を取り巻く環境は厳しい。学校に行くための前提ともいうべき家庭環境が整っていないために欠席が続いているのだが、学校にはその理解が足りない。この物語は、スクールソーシャルワーカーの方々が、幾つかの事例を元に作成した映像作品である。民生委員のおばちゃんやボランティア学生のかかわ

第3章　同和教育実践の再発見　67

りのなかで、仁がエンパワーし、高校進学をめざすようになるプロセスは、地域のおとなたちが連携することの必要性を教えてくれる。

さて、みなさんは、この仁が学校を欠席している状態をどうとらえただろうか。大学の授業でこの動画を扱ったときの学生たちの代表的な感想は、「これが現実か、と衝撃を受けました。不登校と聞くとすぐに精神的な問題を考えました」「不登校って、いじめとかが原因で学校に行けなくなった子どものことだと思っていた」などである。学生たちにとって、子どもが学校を欠席するということは「不登校」と同義語であり、さらに不登校とは学校における対人関係の問題や不安傾向のある子どもの問題だけだと認識しているため、その解決策としては心理的ケアしか思い浮かばないのだ。また、ある学生は、「不登校について、先生から『人権としての教育』の視点で考えると言われたとき、『なんで人権なんやろう。子どもの心について考えるほうが大切なんじゃないか』と初めは思っていたけれど……」と感想を述べていた。子どもの貧困が拡大している現代の日本において、「学校を欠席する子ども」のことを考えることは、誰もが等しく教育を受けることができること、すなわち教育権保障の視点から取り組みを考えることが重要である。これこそが、「人権としての教育」の基盤となるものである。

❷「学校を欠席する子ども」の理解と対応

文部科学省が毎年行っている「生徒指導上の諸問題に関する調査」では、年間30日以上の欠席を「長期欠席」と定義し、その理由別に「病気」「経済的理由」「不登校」「その他」と分類している（表1）。

「不登校」とは、「何らかの心理的、情緒的、身体的、あるいは社会的要因・背景により、児童生徒が登校しない、あるいはしたくともできない状況にある者（ただし、「病気」や「経済的理由」による者を除く）」をさす。長期欠席者と不登校児童生徒数の約7万人の差のうち、約3万人をしめる「その他」に分類される子どもたちとは、その具体例として、例えば、保護者の教育に関する考え方、無理解・無関心、家事手伝いなど家庭の事情から長期欠席している者、連絡先が不明なまま長期欠席している者、欠席

表1　小・中学校における理由別長期欠席者数（不登校等）　　　　（人）

在籍児童生徒数	理由別長期欠席者				
	病気	経済的理由	不登校	その他	計
10,024,943	41,057	109	126,009	27,758	194,933

（文部科学省「児童生徒の問題行動等生徒指導上の諸問題に関する調査」2015年）

理由が2つ以上あり主たる理由が特定できない者などが含まれている。

　さらに、この調査において、「不登校」をその理由ごとに分類比較してみると、特に不登校の多い中学校においては、「遊び非行型」と「無気力型」を合わせると約4割を占めており、家庭背景に課題を抱えた怠学傾向や非行傾向の見られる不登校が増えていること、積極的な支援の在り方が求められていることがわかる。子どもたちからのSOSを受け止めるためには、「不登校」に分類することだけで終わっていては不十分である。

　2004年に大阪府で起きた児童虐待事件を受けて、文部科学省は30日間連続して欠席している児童生徒の状況について緊急調査を実施した。当該の中学生の「長期欠席」の背景にあった虐待について対応できていなかったからである。調査の結果、30日間連続して欠席している児童生徒数は5万人おり、うち2割には学校も関係諸機関等の職員も会えていないことが明らかとなった。こうした経験もふまえて、国においても、「不登校」だけでなく、「病気」や「その他」も含めた長期欠席全体を把握していくことの重要性を提起している。分類することが目的ではなく、分類した結果、「病気」扱いとなっている児童生徒には補習授業が組まれているのか、「その他」の扱いとなっている児童生徒については詳細に事情を聞き取るなどの対応を行っているのか、その対策が重要なのである。

　さて、あなたが仁を担任することになったら、仁の欠席をどのようにとらえ、そのうえで、どんな対策をとるべきと考えるだろう。2003年の文部科学省通知「不登校への対応の在り方について」では、不登校に対する基本的な考え方を改善し、まず「不登校を『心の問題』としてのみとらえるのではなく、『進路の問題』としてとらえ、本人の進路形成に資するような指導・相談や学習支援・情報提供等の対応をする必要がある」と述べている。

第3章　同和教育実践の再発見　69

さらに格差社会の進行に伴い、「子どもの貧困」の実態が顕在化してくるなかで、2008年には、文部科学省は「スクールソーシャルワーカー活用事業」に着手した。これによると、子どもたちの問題は「心の問題とともに、家庭、友人関係、地域、学校等の児童生徒が置かれている環境の問題が複雑に絡み合っているものと考えられる」とし、「児童生徒が置かれている様々な環境に着目して働き掛けることができる人材や、学校内あるいは学校の枠を超えて、関係機関等との連携をより一層強化し、問題を抱える児童生徒の課題解決を図るためのコーディネーター的な存在が、教育現場において求められている」としている。これまで「心の問題」と見なされがちであった「学校を欠席する子ども」の問題を、子ども個人の問題から子どもを取り巻く環境の問題へ、その解決のためには学校の枠を越えて関係機関と連携することが必要であると見なされることとなった。

　戦後の同和教育は、「長欠・不就学との闘い」から始まった。それは、差別と貧困のなかで学校を長期欠席する子どもたちに教育を保障するための闘いであった。次の項では、「学校を欠席する子ども」の理解と対応について、戦後同和教育の実践の歴史から学んでいきたい。

❸戦後の同和教育と長欠・不就学の克服

　戦後の同和教育の出発点は、「きょうも机にあの子がいない」という標題の実践記録で有名な、高知県の福祉教員（訪問教師）制度による長欠・不就学児童生徒に対する取り組みであった。敗戦直後、日本はまだ社会全体が戦争の傷跡におおわれ、大都市ではほとんどが焼け野原になったため被差別部落（以下、部落）と部落外の格差は表面的には見えなくなっていた。

　しかし、戦後の復興作業が進み、朝鮮戦争による特需ブームによって次第に景気が回復してくると、そこから取り残される形で部落と部落外の格差が再び顕在化してきた。例えば、学校教育における部落と部落外の格差は、次頁の長期欠席者の調査（表2）からその厳しさがうかがえる。中学校では、県内の長期欠席者の半数が同和地区に集中し、また地区の中学生の3人に1人が学校に通えていなかったことがわかる。また、小学校で

表2　1か月以上の欠席者の調査（1951年実施）　　　　　　　　　　（人）

	中学校			小学校		
	生徒数	長欠者	%	児童数	長欠者	%
奈良県全般	45,816	2,293	5.0	96,839	796	0.8
同和地区全般	3,314	1,149	34.7	7,826	603	7.7
比　　率	7.2%	50%	6.9倍	8.1%	75.75%	9.6倍

（奈良県同和問題研究所『明けゆく社会』）

は、中学校に比べて数は少ないものの、県内の小学生における長期欠席者の4分の3が同和地区に集中していた。学年はじめには出席簿に記入されていた名前もいつの間にか忘れられ、担任教師も級友もそのことになんの疑問ももたずに年月が過ぎ、年齢超過とともに学籍から抹消されていくのであった。さらに当時は、入学当初から学籍のない者、入学当初には学籍があっても途中で学籍がなくなっている者、また、長期欠席者を別綴じにして出席簿から除外するという実態もあった。

　そのようななか、1950年、長欠・不就学問題解決のために高知県で福祉教員という制度が正式にスタートした。まずはその2年前、高知県内最大の部落の中学校教師たちが長欠・不就学児童生徒の問題について立ち上がり、部落の人たちとともに県教育行政に働きかけ、1948年に出席督励教員として定員外の教員が2人試験的に配置されたのである。2年間にわたる実践のなかで、この学校で650人中150人もいた長欠・不就学の生徒は着実に減少した。そこで、その成果に着目した県教育行政は、その他の学校からの強い要望に応えて、1950年からは県教育委員会が正式に制度として認め、17の学校に18人の福祉教員を配置した。こうして、全国で初めて行政制度として、

（オーテピア高知図書館所蔵）

同和地区の長欠・不就学児童生徒の問題解決にあたる専任の職員が学校に配置されることとなった。試行錯誤の実践を進めていた福祉教員たちが、当時手刷りで作成した実践記録集が、『きょうも机にあの子がいない』（高知市福祉部会、1954年）である。この冊子のなかには、例えば下記のような、福祉教員たちの日誌が掲載されている。

　福祉教員としてはずぶの素人の私である。一体どんなことをやればいいのか、恥しい話だがはっきり判らない。「休んだ子供を呼んで来たらええわね。」これは、過日事務引継に来た前任者の言葉である。果たしてそんな事だけでよいのだろうか。もっと根本的な事は、われわれの仕事の分野ではないだろうか。などと思いつつも、今日は第一回の家庭訪問である。うららかな春の日を浴びて、地理に詳しい養護教諭と一緒に、ともかくも問題のN地区を自転車で一周する。

　制度開始当初、福祉教員の使命は、同和地区の不就学児童生徒を学校に連れてくることとされていた。しかし、命じられた職務「出席督励」を「休んだ子を呼んでくる」ことに限定していたならば、福祉教員の実践は、戦後の同和教育の礎とはならなかっただろう。例えば、当時の福祉教員の一人は、報告書のなかで次のように記録を残している。

　私はよく、休んでいる子ども、そしてその親たちにあうために、浜の木陰で網の上がるのをまちました。その働く姿を眼の前に見て、明日からは学校へ来いとは、どうしても言えませんでした。それよりもむしろ、福祉事務所へ走って、生活扶助をもらう手だてをする仕事の方が多かった。

（倉石、195頁、2009年）

　自転車を走らせ、地域のなかに入り込み、子どもの姿を追いかけて多くのことを学んだ福祉教員たちは、その生活の現実を目の当たりにして、あるときは、学校の教師としての役割を超えて、子どもの生活保障のために奔走し、教育と福祉をつなぐ存在としてその活動を広げていくのだった。
　また別の福祉教員は、次のように当時の実践を回顧している。この記録

は、子どもが学校を欠席する背景には何があるのか、逆に言えば、子ども
が学校に来るために必要なことは何なのかを教えてくれる。例えば福祉教
員のように、子どものために、教育と福祉の境界線を超えて活動する存在
が必要なのだということを。

地区の子どもたちには、たとえば教科書がないとか、服がない、ある
いは雨が降っても傘がない、また親の手伝いをして収入を増やさなけれ
ばならないという問題が、生活の厳しい現実として存在していたのであ
る。私はそれらの問題を解決していくならば、長欠・不就学をなくすこ
とができると考えたわけである。傘のない子には傘を貸し与え、着物の
ない子には県の厚生課から着物を支給する。学用品のない子には福祉行
政の学用品を与える。また、生活のために、チンドン屋や荷馬車をひく
のを手伝って働いている子どもについては、今から考えると矛盾も感じ
るが、労働基準法で子どもをやめさせて、労働基準局に保障させる、と
いう形で、これらの問題を解決していったのである。

こうして子どもを学校に連れてきても、学習が遅れているので、その
条件づくりをしなければならない。そこで中学校では、特別にもう一人、
福祉教員に来てもらい、小学校1年の教科書から勉強しなおしたのであ
る。すると子どもたちは、自分の学力を知るとともに、勉強することに
喜びを感じるようになってきた。

（『証言・戦後「同和」教育三十年』27頁・一部改変、解放出版社、1983年）

家庭の貧困が長欠・不就学の主要な原因である場合は、学校だけで解決
できる問題ではない。しかし、福祉教員たちは、部落の児童生徒の長期
欠席（不登校）の一つの要因として、部落に対する学校や教師の在り方が、
「学校ぎらい」「先生ぎらい」をつくり出していたのではないかと気づくよ
うになった。そして、その理由として、第一に長期欠席の理由を本人の怠
けや親の責任にして積極的な対策をしなかったこと、第二に、教育の方法
においても子どもを学校に引き止め学習の喜びをもたせる努力を怠ってい
たこと、第三に教師が子どもを非難したり皮肉ったりしていたこと、第四
にクラスのお荷物と考えて「先生が苦労を少なくするため、休むほうがむ

しろ好都合だ」と考えてそのまま放置してきたこと、第五に子どもの出席を督促するのは教育委員会の責任であるとして部落に家庭訪問に行こうとしなかったこと、以上5点をあげている（中野他、67頁、2000年）。彼らは憤りを感じていたのだ。いくら子どもが学校を休もうと家庭訪問をしようとしない当時の教員たち、長期欠席の子どもたちのことを福祉教員に任せきりにする教師たち、子どもが登校し始めると厄介者のように扱い不満を漏らす教師たちなど、部落の子どもが抱える問題を子どもや親の責任に帰してきた当時の学校の在り方そのものを変革する必要があった。

これらの指摘は、学校の職員室に机をもちながらも、学校外に飛び出して、地域に暮らす子どもや保護者の視点から学校をとらえ直す営みをしてきた福祉教員だからこそ、学校の在り方を問い直すことができたのである。

今、私たちは、学校を欠席する子どもやその保護者に対して、どのようにとらえ、どのように対応しているだろうか。戦後間もない時代に始まったこの福祉教員の取り組みは、教育と福祉の境界線を超えて子どもを支援する役職を行政が制度化したものとして画期的なものであり、日本におけるスクールソーシャルワーカーの源流ともいわれている。厳しい生活環境におかれた子どもたちの問題が顕在化している今、戦後同和教育実践の原点といわれる福祉教員たちが残した教訓を活かし、今再び、子どもを真ん中にして、子どもにかかわるおとなたちが、教育と福祉の境界線を超えてつながり合う社会をつくることが求められている。

❹教科書無償化の闘い

今、大学進学において奨学金を受給する学生が増えている。日本における大学奨学金は有利子の貸与型であるため、奨学金を返せず自己破産するケースが広がり、2012～16年の5年間で延べ1万5000人に達するという。給付型奨学金制度を求める声は多く、学生にも身近な問題である。

では、義務教育においてはどうなのだろうか。日本国憲法第26条には「義務教育は、これを無償とする」と書かれている。

しかし、現在でも、制服、体操服、給食費や教材費などの徴収金、辞

書、部活費用等を含めると、例えば中学校1年生は年間25万円が必要になるという。私たちが、義務教育の段階で無償で受け取ることができるのは、先生の授業と教科書ぐらいかもしれない。しかし、1963年に国会で「義務教育諸学校の教科用図書の無償措置に関する法律」が制定されるまでは、教科書も有償であったことをご存じだろうか。無償化された背景には、部落の保護者や子どもたち、そしてその学校の教職員による教科書無償化闘争があった。

1961年3月25日、長浜小学校講堂で（高知新聞社提供）

1950年代半ばから長欠・不就学が減少し、子どもたちが学校に登校し始めると、さっそく教科書、文具、給食など、お金を必要とするものが多くあることが問題となった。なかでも当時教科書は、4月の授業開始前に各家庭でまとめて購入しなければならなかったのである。教科書を買えない家庭の子どもたちは、近所の上級生から古い教科書をもらったり、または教科書のないままで学校に通うことになった。当時の子どもの作文を読んでみよう。お金の心配をせずにすむなら、本当は学校に行きたいという子どもの願いが込められている。

　　夏休みが待ち遠しい。
　私はこのごろよく学校を休む。休んだあくる日学校に行くと、みんなが「あんた学校をさいさい休むねえ。どうしたが」ととう。私は「かぜをひいて休んだ」というと、「あたしらぁ、かぜをひいたばあで休まんよ」と言われる。
　先生、わたしが学校をさいさい休むのは、かぜをひいて休むときもありますが、もうひとつのわけは、うちがびんぼうで、ねえさんが中学校

第3章　同和教育実践の再発見　75

を休んで、うちの手伝いをしています。私はそのねえさんを見ていると、きのどくで朝学校へ行こうと思っても、行きにくくなって休むのです。先生、ごめんなさい。

　それから先生にもうひとつのおねがいがあります。それは、先生が給食を持って来た人の表を教室の前にはっていますが、あれをはずしてくれませんか。私はあの表が心配で学校へ来にくい日があります。

　私のうちは、おとうさん、おかあさんが毎日昼ご飯をたべんずく働いてくれます。私は学校の給食代をようはらいません。私だけではなしに、3年の弟の給食代もたまっています。（中略）私と弟二人で、学校給食をたべるのは無理だと思います。それで、来月から自分がやめて、弟だけ食べさせてやりたいと思いますが、先生、いきませんか。私はこれがいまいちばん困っていることです。

　はやく夏休みになったらよいと、この間から思っています。そしたら、うちの手伝いも出来ます。夏休みには給食代をはらうにようびません。

（森実、15 ～ 16 頁、2002 年）

　教科書無償を求める事例は、京都市、大阪市など、各地で点在してはいたが、1961 年、高知県の部落の母親たちが始めた、憲法を学ぶ取り組みのなかから「憲法を守って教科書をタダに」というスローガンをかかげた教科書無償化闘争は全国的な運動に広がっていった。戦後の日本国憲法のなかに「義務教育の無償」が明記されていることを学んだ母親たちは、すべての子どもが教科書を無償で受け取り、安心して新学期を迎えることができる制度を求めたのである。こうした全国的な広がりのなかで、1963 年には「義務教育諸学校の教科用図書の無償措置に関する法律」公布により予算が確保され、1964 年から 1969 年にかけて、義務教育諸学校における教科書の全面的な無償化が実現していった。

　「子どもの貧困」が社会問題化するなかで、給食費の無償化を進める自治体が登場したり、学校の高額な制服費用に疑問が投げかけられている。しかし、他方、例えば ICT（情報通信技術）活用を推進する際に、学校は家庭における IT 格差の現実をふまえて教育実践を進めているだろうか、また、

パソコンやタブレットなどのIT機器について自己負担を前提とする議論がなされていないだろうか。今、あらためて、教科書無償化の闘いの歴史に学び、義務教育無償の原則を確認する必要があるのではないだろうか。

保護者の皆様へ

お子様の御入学おめでとうございます。
この教科書は、義務教育の児童・生徒に対し、国が無償で配布しているものです。
この教科書の無償給与制度は、憲法に掲げる義務教育無償の精神をより広く実現するものとして、次代を担う子供たちに対し、我が国の繁栄と福祉に貢献してほしいという国民全体の願いを込めて、その負担によって実施されております。
一年生として初めて教科書を手にする機会に、この制度に込められた意義と願いをお子様にお伝えになり、教科書を大切に使うよう御指導いただければ幸いです。

文部科学省

小学校入学時に教科書を配る袋には、現在も教科書無償の意義が掲載されている

2 子どもたちの「荒れ」とその克服

❶現代の子どもと「荒れ」

　「少年非行が減少している」という言説がある。その根拠は、少年の刑法犯の検挙率、補導率の減少だ。社会的格差が広がるなかで、子どもの「荒れ」をどうとらえるのか、どのような層が、何に生きづらさを感じ、どう生きようとしているのか、確かな視点で事実に向き合う必要がある。

　若者たちのカルチャーの動向をみると、例えば、逸脱文化の象徴であるヒップホップが広がりを見せている。ヒップホップとは、1970年代に、アメリカ・ニューヨークで、黒人やヒスパニックなどの若者たちが近くの

第3章　同和教育実践の再発見　　77

公園に集まり、お金をかけない楽しみとしてパーティーをするなかで生まれた音楽・ダンス・絵画などの文化を総称する言葉だ。日本においても、社会的に排除されてきた若者たちが対抗文化を生み出し、特にストリート系ヒップホップでは、厳しい家庭環境のなかで生きてきた若者たちが、自分の生い立ちを振り返り、リリック（歌詞）をスマホに打ち込み、楽曲として世に送り出している。

　下にあげるのは、BADHOP というグループのメンバーが書いたリリックの一部である。自分がおかれた環境が何だったのかを振り返るプロセス、生まれ育った地域とそこで出会った人たちを愛おしく思う気持ち、自分たちが同じように痛みを抱える子どもたちの光となることを願う姿は、1970 年代の同和教育実践の歴史のなかで、部落の子どもの非行克服に取り組んできた幾人もの地域の青年たちの手記に重なるものがある。

　さて、子どもの「荒れ」は、反社会的行動として表出する場合もあれば、非社会的行動として沈潜する場合もある。以前は、非行を行う反社会的な子どもたちと不登校や引きこもりの状況にある非社会的な少年たちとは異なるタイプであり、その対応もまったく異なると考えられていた。し

Pain Away

家庭の中は気づきゃ沈黙か罵声　　　過去の痛みごと俺なら歌にしてく
一家心中はかる深刻な家庭　　　　　Rap My Pain Away
突き刺さった刃物 首元に包丁　　　歌ってくよ お前らの痛みまで
涙なしじゃ寝れないね今日も　　　　Rap My Pain Away
多額の借金抱えた母子家庭（中略）　背負った過去の数だけ未来はある
ひたすら環境を恨んだ　　　　　　　Rap My Pain Away
そんな俺育ててくれたグランマ　　　どんな場所でも必ず光が射す（中略）
その優しさ裏切りグレた反抗期　　　Rap My Pain Away
盗んだバイク跨りすする缶コーヒー（中略）　ここだから出会えた人たちがいて
あと少しで楽さしてやれるぜグランマ　（2win〈T-Pablow、YZERR〉、一部抜粋）
Rap My Pain Away　　　　　　　　　　　（Nex Tone PB42322）

かし、いじめや暴力において加害の立場と被害の立場が時に入れ替わるように、非社会的な少年と反社会的な少年は互いに共通点を有することがあり、またその立場も転回する可能性がある。暴力の生起する場所がどこであれ、また、その暴力の対象が他者であれ自分自身であれ、子どもの暴力行為は、すべて子どもの「荒れ」としてとらえる必要があるだろう。

❷少年非行における被害性と加害性

　少年非行における被害性と加害性、そして、被害性から加害性への転回は、現代の子どもの「荒れ」を理解するうえで重要である。被害性としては、両親の暴力、離婚、借金など、どれも子どもにとっては抗いようのないことが続くなかで、自分を「価値のない存在」だととらえ、他の人から拒否されることを恐れたり、過度に愛着傾向を示したり依存傾向を強めるなどの行動が生じやすい。しかし一方で、被害者としての子どもは、時に加害者に転回する。これまで自分を痛めつけてきた内なる攻撃性は、外界へとその刃を向け直すことで、凶悪な事件を引き起こす力を暴発させる。少年院などの調査により、加害者自身の多くが被虐待経験をもっていることが明らかにされている。彼らが自らの心的外傷を癒やし回復するためには、自分のなかの被害者と加害者が出会うプロセス、つまり自らの被害性と加害性を統合することが必要である。

　同和教育実践においても、子どもの被害性と加害性をどのように統一的に理解するかは重要な課題であった。時に、被差別の立場の子どもたちは、理不尽な社会のなかで非行や問題行動を起こすに至り、加害者の立場に追い込まれるという現実があった。

　全同教（全国同和教育研究協議会）は、1964 年の段階で、討議資料「いわゆる非行問題をどう把握するかについて」のなかで、部落の子どもたちが非行や問題行動を起こす状況を、部落の低位性や被害性にだけ焦点をあてるのではなく、そのなかにこそ、部落解放をめざし、生徒集団を変革するエネルギーを引き出す態度を私たちがもつことが必要だと指摘している。まさしくエンパワメントの考え方がここにある。こうして被差別の立場の

子どもが、自ら加害者であり、また被害者でもあるという重層的な構造の
なかで、自らの社会的立場を自覚し、自分の生い立ちを物語り、再構成
し、非行を克服する営みが重ねられてきたのだ。ここでは、非行とその克
服について、実践の歴史から学んでいきたい。

❸「荒れ」の理解とその克服──社会的立場の自覚

1960年代、長欠・不就学の解決とともに、学校から排除されていた部
落の子どもたちがようやく学校の門をくぐったものの、そこに居場所はな
かった。子どもたちを待っていたのは受験競争と偏差値至上主義だった。

大阪府内のある中学校では、子どもたちを進学組と就職組に分断し、進
学組を偏重する指導が横行していた。学校のなかに居ながらにして学校か
ら排除されていた部落の子どもたちは、ため込まれた怒りを授業妨害や器
物破損という暴力行為に転嫁させるようになった。はじめは、無秩序で暴
発的な暴力行為であった。子どもたち自身も、「どうせ自分たちは（親と
同じように）土方か日雇いになるんや」と吐き捨てるようにつぶやくもの
の、そのことの問題性を訴えるまでには至っていなかった。しかし、部落
解放運動の活動を担う地域の先輩たちから、なぜ地域の親たちが不安定な
仕事に従事しているのか、なぜ部落の子どもたちが就職組に集中している
のかについて学び、差別的な社会、差別的な学校のなかで、自分たちはど
う生きるべきか、その社会的立場を自覚するように促されるのだった。

こうして、部落の子どもたちの「荒れ」は、学校をはじめとする差別的
な社会構造に対して異議申し立てを行い、組織的な要求行動としての側面
をもつようになった。この学校では、部落の子どもたちを中心に約150人
の生徒が学年の教師十数名と話し合いをもち、自分たちの「荒れ」の背景
には何があるのか、学校に何を求めているのかを訴えた。この話し合いに
よって、教師たちは、これまで当たり前のようにテストの成績を廊下に貼
り出したり、進学組と就職組を設けるなど、自分たちが差別・選別教育を
してきたことに気づかされた。こうして、子どもと教師、そして保護者に
よって作成され、市民に配付されたのが下記の文書である。

「先生達には私達の差別からうける苦しみや、悩みがわかってもらえないのですか。私達は何故、差別されなければならないのですか。私達は中学へ入学したその日から冷たい差別のまなざしの中で、身も心も、ひきさかれる思いをしてきました。……」。女生徒は、あふれでる涙をぬぐおうともせず声をふるわせながら訴える。（中略）

「差別は学校にあるだけではない。しかし学校教育の中だけでみても、僕達は十年間差別され続けてきました。先生達は、その悩みも苦しみもかえりみず、希望を失い、無気力になり、やけをおこさざるをえなくなってする僕達の行動上の問題点を、その根本的な原因を考えてくれようともせず、友だちや先生たちからさえ見はなされている。その結果としてとった現象面だけをせめ、ときにはナグリツケたり、けったりする教育しか与えてくれていなかったのではありませんか。

ガラスをわり、腰板をわりするのは、決して、それが楽しくて嬉しくてするのではないのです。差別と絶望の中で、たえきれずに、してしまうのです。何かにはげしく訴えたい、それが形をかえてあらわれるのです。先生、私達に腰板をわったり、ガラスにあたったりしなくてもいいような正しい方法を教えて下さい。明るい希望のもてるような教育をして下さい。部落の子どもであるとないとにかかわらず、日本国民として〈差別〉は許せません。」（中略）

その言葉は粗野であり、時には嵐の如く吹きあれ、怒濤もおこるべくしておこり、何人のさえぎることも許さぬように、生徒達の叫びは〈人間が〉〈人間で〉ありつづけるためのひたすらな願いをこめたものであった。

（『証言・戦後「同和」教育三十年』154〜156頁・一部改変、解放出版社、1983年）

前項で、今、「少年非行が減少しているという言説がある」と述べた。しかし、1960年代の部落の子どもたちも、当初は、学校のなかで差別的なまなざしを受けても沈黙していたし、就職組に対する指導がおざなりなものであってもその変革を求めることもなく、ただ暴力的な行動を散発させることしかできなかった。しかし、部落解放運動が高揚するなかで、地域の先輩から社会的立場の自覚を促され、自分たちの本当の願いに気づき、

正しい要求実現に向けて動き始めていくのである。このことからも、教師が子どもたちの本当の願いを掘り起こすこと、変革のエネルギーを引き出す態度をもつことがいかに重要であるかがわかる。

このとき、「非行は宝」という言葉が生まれた。これは、子どもの「荒れ」のなかから教育関係者が学ぶべきことを逆説的に表現したものである。それまでは、子どもの非行を、表面的な不適応行動や反社会的行動としてのみとらえ、それを矯正させるか、または学校から排除する対象としてきたのだが、その子どもたちの真の声を聴くことによって、教育のあるべき姿を抜本的に見直すことができたのである。

さらに、1970年代になると「非行は差別に負けた姿」という表現が広まるようになる。この表現のなかには、一歩進んだ教育関係者の姿勢がある。子どもに寄り添いながらも、子どもの崩れに直面したときに、「でも、それはあかん」「差別に負けてええんか」と迫るためには、一人の人間として差別に向き合う姿勢が問われる。こうして、同和教育実践は、教師自身が自らの生き方と重ね合わせながら、理不尽な社会のなかで、差別に負けることなく、しぶとくたくましくのりこえていく力を子どもたちに育むことにつながっていく。

次に紹介するのは、部落青年の生い立ちを子ども向けに書き直したものである。ここでも学校のなかに露骨に存在していた部落差別に傷つけられ、学校から排除され、非行行為を重ねていく少年の姿が描かれている。彼は中学の頃から荒れ始めるが、解放運動に立ち上がった地域の青年たちの粘り強い支えによって、なぜ自分が荒れるようになったのかを見つめ始め、非行を克服して生きる道を選択する。他にも、彼が非行を克服していくプロセスには、少年院で同じ部落出身のなかまに出会い、自分たちの生い立ちの背景にある部落差別の現実を客観的にとらえたこと、母親が識字学級で文字の読み書きを学び始めたことを知り、身近な人が部落差別と闘う姿に出会い直したことなど、多くの人との出会いがある。

彼は、荒れていく後輩を見ると、「こいつらを自分と同じにしたらいかん」と思うようになり、彼らに自分の生い立ちを語りかけるようになった

という。自分の生い立ちを振り返り、一つひとつの出来事を部落差別の視点からとらえ直し、また、それと闘うなかまと未来の展望をもてたとき、それまで「隠すべきもの」であった地域も、また「価値のない」「無力な存在」であった自分自身もすべて意味のあるものとして再構成される。これは部落差別にかぎらず、虐待や災害、性犯罪など、自分ではどうすることもできないつらい体験をした人が、その体験を振り返り、自ら主体的に再構成することによりサバイバーとして生き抜くプロセスにも共通している。学校教育においても、こうした学習を通して、荒れている子どもたちに自らのおかれた状況と向き合う場をつくること、また、荒れているなかまを理解し支える子ども集団をつくることが進められていった。

中二のときでしたが、ぼくのムラで一年上の女子が、こんな手紙をもらいました。「ぼくは君が好きだ。けれど、結婚はできない。君は部落民であり、在日朝鮮人である。部落民と朝鮮人は人間でないから。」それを見せられたとき、ぼくもショックでした。学校へ行ってもおもしろくない。先生でさえ、何かなくなるとぼくらのせいにするのです。ぼくはムラの子らと、山をウロウロしたり、どこかの家でたむろしていたずらをする。そんな生活でした。(中略)

ぼくは高校に行きたかったのですが、先生は相手にしてくれません。植木屋の住み込みとか、職を転々としたあと、一年おくれて定時制高校に入りました。ところが、16歳になると単車の免許がとれるでしょう。それからがいけません。単車で暴走する。シンナーをやる。とうとう警察につかまり、少年院送りとなりました。(中略) この少年院で、ぼくの心に刻み込まれた事が二つあります。

ひとつは「お誕生会」でした。周辺の自治会のオバチャンたちも来てくれ、ケーキやコーラが出ます。みなで手をつないで、うたったりもしました。そのとき、一人の少年が「ぼくの好きな歌、うたっていいですか。」と聞き、「夕焼けの美しさを知ったいま……。」とうたいだした。うたいながら、泣いているのです。ぼくはどこかで聞いたことあるなと思っていたのですが、アッと気がつきました。その少年に「それ、解放運動

の歌とちがうか。」と聞いたんです。「そや。おまえ、なんで知ってんねん。」「おれ、実は大阪の部落のもんや。」「わしもや。」となったんです。他にも何人かいたようです。こいつらも、部落がいやで逃げてきたんかなあと思いました。

　もうひとつは、ぼくらの地域の青年がよく面会に来てくれたことです。この青年たちは、ぼくが家出やシンナーで荒れていたとき、ぼくを追いまわしました。見つけられて、どつかれ、家に連れて帰られたこともあります。だから、うっとうしいなあ、と思っていました。兄ともつき合いのある人たちで、兄は兄でいろいろ本を持ってきてくれたりしました。少年院はしんどいので、ほっとしましたが、これいったい何やろ、と思っていました。（中略）……そうこうするうちに、母から初めて手紙が来たんです。へたくそな字。読みにくい。なんやこれ、と思いました。手紙が来ると、よく見せ合いっこするんですが、この手紙は、絶対、見せませんでした。かっこうわるくて。

　二、三日して、近所のオバチャンから一通の手紙がとどきました。そこには、母がぼくに手紙を書きたい一心で、字を習いはじめたと、書いてありました。そういえば、ぼくにも、心あたりがあります。ぼくが学校をサボったとき、「なんで学校、行かんのや。お母ちゃんの子どものころは、行きとうても行けなんだんや。」と話してくれたことを。その母が、いまになって勉強をはじめたというのです。

　そのころから、ぼくは自分をじーっと見つめるようになりました。なぜおれはここに来たのだろう。なぜ、おれは逃げて逃げて、ここまで来てしまったのだろう。ここで、なんとかせなあかん＝＝＝。

　青年たちが、いつもいつも面会にきてくれたわけも、少し分かるようになりました。ぼくは、身体も気持ちも軽くなりました。兄に、こんな本を持って来てほしいとたのんだのも、本の感想文を書きはじめたのも、このころからです。

（解放教育研究所編『解放教育 臨時増刊』24 〜 28 頁、明治図書出版、1989 年）

❹集団づくりを基盤とした自主活動

　1970〜80年代には、「荒れ」とその克服に取り組んだ同和教育の実践が各地で積み重ねられた。そのときに重要な役割を果たしたのが集団づくりを基盤にした生徒会活動、そして、当事者の子どもやそのなかまによる人権サークルなど、子どもたちの自主活動である。当時、学級や学年・学校全体が荒れることを「子どもが層として崩れる」と表現したが、こうした局面を打開するのは個々の教員の指導力ではない。子どもたちの関係性のなかに、正義と公正を貫く力、いじめや差別を許さない力、荒れるなかまに寄り添いその背景に耳を傾ける力などを育むことが必要だ。

　学校の生徒会活動は往々にして、執行部役員のみの「優等生」による学校行事の下請け組織となっている場合がある。それに対して同和教育における生徒会活動は、学級集団づくりの日常的な取り組みを基盤としながら、学年班長会議・学年生徒会などを通して学校全体のなかまの生活や学習に関する情報を共有し、実態把握と課題分析をふまえて「いじめ・差別を許さない学校づくり」を推進するものである。いじめや差別の防止のためには、自分の人権を守り他の人の人権を守るための実践的行動力を鍛える自主活動の場が必要なのである。

　また、当事者の子どもやなかまによる人権サークルとしては、部落差別を許さない志をともにするなかまと学校のなかで活動する組織としての「部落解放研究会」や在日韓国・朝鮮人の子どもたちの交流と母語保障の場としての「母国語学級」、また、障害のあるなかまとともに歩むグループなどが誕生した。これらの人権サークルは、同じ立場の子どもたちがピアな関係で悩みを交流する場でもあり、この場をより所として、学校全体に人権を考えてもらう企画・提案をする場でもあった。また、それぞれの課題ごとに、大阪府内や全国規模の交流会も行われ、同世代のなかまやモデルとなる先輩たちとの出会いを通して、参加した子どもたちは自らのアイデンティティをより確かなものにし、それを学校の取り組みに返していくのである。

　こうした当事者の子どもやそのなかまによるつながりづくりの実践の蓄

積は、2000年代には中国からの子どもやフィリピン、南米などをはじめとするニューカマーの子どもたちのつながりづくりに活かされ、また現在ではLBGTQ当事者の子どもたちをつなぐ場づくりも始まっている。こうした自主活動を支援することこそ、被差別の立場の子どもをはじめ、すべての子どもがエンパワメントすることに他ならない。

3 格差をのりこえる学力保障

❶調査は誰のためのものか

2007年以来、毎年、文部科学省は全国学力テスト（「全国学力・学習状況調査」）を実施しているが、都道府県別等の平均正答率の順位をあらわした一覧表が新聞紙上を賑わすのも恒例となっている。2016年、同省は「教育施策及び教育指導の成果と課題の検証や、その改善」を目的としており、「数値データによる単純な比較が行われ、それを上昇させることが主たる関心事とならないよう」通知している。しかし、成績下位となった自治体のなかには、学校間の平均点を比較することで競争をあおり学校現場に過度な重圧をかけるなど、学力調査の本来の目的を逸脱する動向もある。

学校間の学力の平均点に著しい格差があるとするならば、それは、その学校の児童生徒個々の能力や努力の平均点ではかるべきではなく、家庭の教育力に影響のある学校区の社会経済的背景をふまえて、その格差が何から生じているのかを明らかにする必要があるだろう。しかし、日本では、戦後の高度経済成長のなかで「一億総中流」意識が広まり、経済的に低位の家庭に生まれたとしても、生まれながらの能力と本人の強い意志により、良い高校、良い大学に進学することができ、安定した仕事に恵まれると長い間信じられてきた。学校は社会の不平等を是正するための平等化装置だと考えられ、より高い学歴を取得することに高い価値がおかれた。あとで述べるが、同和教育における部落の子どもたちの学力に関する調査など、一部の取り組みを除いて、社会階層による教育不平等の視点はなかった。

❷学校は平等化装置か

欧米において、教育と社会経済的格差の関係は常に中心的なテーマであり、「階層と教育との関係」「教育機会の不平等」などの研究が進められてきた。公民権運動のなかで、学校における人種間の機会の平等を達成したはずなのに学力や進路の格差は依然として大きく、学校は平等化装置であるという楽観的な学校観に対する疑念が生まれていた。そこで、学校は人種・階層的要因に由来する教育達成の格差を是正することができるかという命題に対して研究が進められた。なかでも、1964年、アメリカ連邦政府の実施した「教育機会均等調査」（通称コールマン・レポート）では、学力テストと家庭要因・学校要因の比較調査を行った結果、学校は不平等の再生産装置であり、トンネルに過ぎないという報告書が提出された。

一方、こうした学校無力論に対して、1980年代には、エドモンズらが、性や人種・民族、社会階層等の学力形成に不利とされる背景要因を、学校経営の改革によって乗り越えることができるとする考え方、すなわち「エフェクティブ・スクール論（効果のある学校）」を提起した。彼らは、社会階層間で学力格差が生じていない学校を探しだし、学校は決して無力ではなく成果を生み出していることを示し、その学校経営の特徴を明らかにした。こうして欧米では、学校は校区の社会経済的格差を反映した存在であるという事実に直面しつつも、また同時に、教育不平等をのりこえる学校の可能性を探ろうとする実践と研究が進められていた。

残念ながら、日本では、同和教育に連なる調査を除けば、格差の存在を明らかにし、その格差を克服するための手だてを導き出そうとする設計の調査・研究はほとんど行われてこなかった。部落の子どもたちの低学力を克服しようとする学力保障こそが、社会経済的視点を有した数少ない実践であった。同和教育実践では、1960年代以降、現在に至るまで、学力保障の取り組みを実践の大きな柱の一つに位置づけてきた。今、格差社会が進行するなか、不利な条件にある子どもたちの学力保障に取り組むためにも、同和教育における学力保障の歴史に学ぶことが必要だ。

❸部落の子どもたちの低学力の事実に向き合う

　1960年代になると、日本全体が高度経済成長期にはいり、戦後同和教育の最重要課題であった長欠・不就学問題は落ち着きを見せる。学校に登校するようになった部落の子どもたちにとって、次に必要な課題は、低学力の克服であった。当時、部落の子どもたちに、より深刻に低学力の問題があらわれていることは、現場の教師たちにとっては暗黙の了解だったが、学校は平等であるという幻想のなかで、それを認めることには強い忌避感があった。

　これに対して、同和教育運動にかかわる教育関係者たちは、1950年代から「同和教育白書運動」を展開した。これは「単なる調査」ではなく、部落の子どもの生活の現実を明らかにすることによって、どうしたらこの問題を解決することができるのかを探り、自らの実践課題を見いだそうとする地域教育運動であった。この白書づくりの取り組みのなかで、部落内外の子どもの学力格差を論じ、その背景要因の分析を通して、どうすれば子どもたちに確かな学力を育めるのかを追究していた。このような現場の努力が、同対審答申に結実したといえるだろう。

　1965年、国は「同和地区に関する社会的及び経済的諸問題を解決するための基本的方策」として同和対策審議会答申を出す。この答申の「教育状況」には次のように書かれている。

　学校教育における児童生徒の成績は、小学校、中学校のいずれの場合も、全般的にかなり悪く、全体的にみると上に属するものもいるが、大部分は中以下である。

　中学生徒の進路状況は都市的地区、農村的地区ともに就職者が大部分であって、進学者は少なく、進学率は一般地区の半分で、30％前後である。進学率の劣るのは、家庭の貧困か本人の学力不振によるものが多い。しかし親の教育関心はきわめて高く、80％前後の者は子女の進学を希望しているのは注目される。

また、「具体的方策」としては、例えば次のように書かれている。

> Ⅱ）学力の向上措置　同和地区子弟の学力の向上をはかることは将来の進学、就業ひいては地区の生活や文化の水準の向上に深い関係があるので、他の施策とあいまって、児童生徒の学力の向上のため、以下に述べるような教育条件を整備するとともにいっそう学習指導の徹底をはかること。

つまり学力の向上は、同和地区の生活環境や労働環境の改善に深い関係があり、それらの「実態的差別」を克服し同和地区住民の社会的及び経済的諸問題を解決するための重要な方策だと示されたのである。同対審答申が出たことにより、部落の子どもたちに対する学力保障の必要性は明確になった。また、加配の教員配置や学校設備整備など、学力保障のための教育諸条件が整備されることとなり、1970年代からは、学力保障の具体的な内容創造が急速に進むこととなったのである。

❹人間解放につながる学力観と教育内容の創造

各地で部落問題学習の地域教材が作成され、1960年代には奈良で『なかま』が、1970年代には大阪で『にんげん』が発刊されるなど、すべての教室で同和教育を進めるための副読本が作成されていった。『にんげん』のなかには、これまで光のあたらなかった「底辺」の子どもたちが主人公として登場する教材も取り上げており、同和教育に取り組む教師たちは、この『にんげん』教材を活用した授業実践を各地で交流するようになった。

また、1970年代以降は、同和加配教職員の制度も活用しながら、教科指導においても「学力」を付けるための教育内容の創造の取り組みが進められる。ここでいう「学力」とは、いわゆる点数であらわされる「受験の学力」ではない。人間解放につながる生きる力としての「学力」を育むために、豊かで科学的なものの見方と同時に、それが行動や実践につながっていくような教育内容の創造が求められた。しかし、1960年代までの学力保障の実践は、低学力を克服するための技術的な学力向上策と、部落問題に関する科学的認識を高める実践とが分離して進められており、それら

を統合する枠組みが求められていた。

1971年、全同教において提起された「四認識」という概念は、従来の教科・領域の枠を越えた新たな枠組みとしてその支えとなるものであった。この枠組みでは、すべての認識の基礎となる「言語認識」を土台におき、その上に社会や自然を科学的かつ人間的にとらえる「自然認識」「社会認識」を位置づけ、これら三つの認識を総合した認識として、物事に感動しそれを表現することのできる「芸術認識」をおき、「四認識」の構造とした。これによって人権学習の推進と学力保障を統一して取り組む基盤形成をめざしたのである（第5章参照）。

さて、この時期には、民間教育運動のなかで蓄積されていたさまざまな教材を参考にしつつ新たな教材開発が進められた。なかでも大きな足跡を残したのが、明星学園編集の『もじのほん』などを参考にして作成された教材集『ひらがな』であり、また、遠山啓の水道方式から学んだ算数の自主編成である。また、指導方法の改善については、教室に複数の教員がはいってT.T.（チームティーチング）のような形で授業をしたり、学力に課題のある子どもに重点的に支援する入り込み促進指導という方法や、学級・学年を2展開、3展開などに分けて、よりていねいな指導をめざす少人数分割指導がとられた。さらには、抽出促進指導といって、部落の子どもを中心として学力に課題のある子どもを教室から少人数を取り出して集中的に指導を試みるなど、低学力の克服をめざしてあの手この手の指導方法の改善が行われた。これらの指導方法の実践により蓄積された成果と課題は、現在の少人数分割授業をはじめとする多様な授業形態の展開に活かされている。

❺「くぐらせ期」とひらがな指導

この時期の学力保障の実践として大きな成果を上げたものが、先にもふれた「ひらがな指導」である。大阪市内のある小学校で、新1年生を対象に「ひらがな」がどれだけ読めるか調査したところ、入学直後の段階で清音46字を全部読める子どもが約65%、40字以上読める子どもをあわせて

約85％であった。これら約85％の子どもたちは教科書を読みこなすことが可能と考えられた。しかし同時に、残りの子どもたちは、入学時点での「ひらがな指導」をおざなりにして進めると教科書を読み進めることができず、小学校１年生の時点で「落ちこぼし」てしまうことがわかったのだ。この調査を行ったプロジェクトチームのある教師は次のように述べている。

> 小学校に入学してすぐに、すべての児童が文部省学習指導要領の１年の内容、教科書の最初のページから学習を進めていくのでは、「落ちこぼし」が生じるのは当然である。これらは、子どもたちが出生から入学までの間に経験したであろう、また習得したであろうことがらを前提としてできている。しかし、個々の子どもにとっては、その前提が違っている。とくに、差別の結果、文化的に低位な状況を余儀なくされたり、親の仕事が十分保障されないなかで育ってきた子どもたちにとっては、その前提が成立していない場合が多くある。そこで、入学した子どもたちに、ひらがな学習の前提となることがらを、０歳から通過してきた、あるいは、通過してきたであろう筋道を、もう一度通らせるのが「くぐらせ期」である。
>
> （森実編著、55 ～ 57 頁、2002 年）

当時の部落には、差別と貧困のなかで学校教育から排除され、文字の読み書きができないままに生きてきた親たちが多くいた。非識字者であるがゆえに不安定な労働環境のなかで生きてきた親たちにとって、入学前にひらがな習得のできる文字環境を子どもに用意することは困難であった。新しい教科書や文房具を買ってきても、そこに自分で子どもの名前を書いてやれないのだ。宿題を質問されても答えられず、子どもが病気になっても薬の飲ませ方がわからず、文字が読めない自分に涙する親たちがいた。

プロジェクトチームでは、子どもたちが小学校入学までに、どのように言語を獲得していくのか、そのプロセスを研究した。ひらがな指導とは、鉛筆を持って「あいうえお」を書かせることではない。子どもがひらがなを読み書きするためには、さまざまな生活体験を通して言葉を獲得し、それを声に出して発すること、指先や手首や腕がしなやかであることなど、総合的な力が必要だ。これらの体験が、本来ならば幼児期に家庭のなかで

育まれているべきなのだが、厳しい生活環境のなかにあって、すでにスタートラインに並べていない子どもたちの現実が見えてきたのである。そこで幼児期の成長プロセスを、もう一度通り直す必要があると考え、入学からの2〜3週間を「くぐらせ期」と設定した。声を出す、舌を滑らかに動かすなどの発音から始め、粘土で紐づくりをしたり、紙を手でちぎったり、ハサミで切ったりしながら、手遊びやしなやかな体を育てる体操も取り入れる合科的な学びで組み立てるものとなった。

　下記は、「ひらがな指導」を通して、「くぐらせ期」の学習過程における具体的な子どものつまずきから、その子や母親の生活史をたどった実践である。こうして、ひらがな指導を通して、生まれてから6年間の成育史を再度確認し、教師もまた、親と子の暮らしの現実に学んでいったのである。

　はさみが、上手に使えないＡ子。教師は、Ａ子の家庭に足を運ぶ。朝早くから夜遅くまで、外で働いている母親にとっては、家で、はさみや針や糸をあまり使わないこと、そしてＡ子もはさみを使うことなどほとんどなく、テレビに守りされてきたことが語られる。また、おしめを換えるときに、「ああ、気持ち悪いね」「そら、気持ちようなったで」というような語りかけをほとんどしてこなかったことも聞きだしていく。教育を十分に保障されなかったこの母親にとっては、このような語りかけが、子どもを育てる上で大切なこととは知らなかったし、たとえ知っていても、生活に追われる毎日ではできなかったのである。子どもの成育の段階でぬけていたことは、たとえ、乳幼児期の内容であっても、1年生の「くぐらせ期」で補充・促進されなければならない。

（森実編著、62頁、2002年）

　また、ひらがな指導は、成人学習の場である識字学級の実践から学んだことを取り入れている。従来の文字獲得の学習方法は、「繰り返し書く」反復学習が一般的であった。しかし、識字学級での読み書き指導の実践からは、学習の定着のために、名前や住所、買い物など、学習者の日常生活と関連した学習方法を用いることが重要であることがわかっていた。ひら

がな指導では、こうした実践に学びながら教材作成が行われた。「あ」という字を何十回と書かせても、なかなか覚えられない。しかし、「あ」は「あいうえお」の「あ」ではなく、「あそび」や「あさがお」の「あ」としてその子の生活経験とつなげて覚えていくのである。「い」は「おいも」の「い」、「だいこん」の「い」、「すいか」の「い」という具合である。図1は、教材集『ひらがな』のワークシートである。教師たちの自主編成でつくられたこれらのワークシートには、子どもの日常の遊びや生活の現実に結びついた学びの素材が埋め込まれていた。こうした教材開発を通して、生活から遊離した内容を無秩序に反復学習させていた、これまでの教科指導の在り方こそが学力格差を広げていたことに教師たちは気づいていった。そして、1975年に作成された教材集『ひらがな』は、大阪府内はもちろんのこと、全国にも広がり多くの小学校で実践されることとなった。

図1

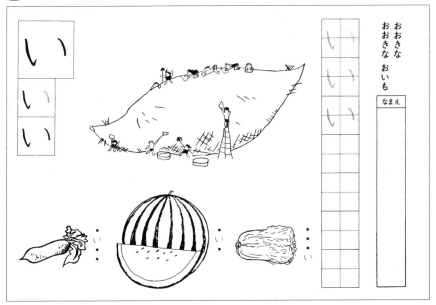

(『かな文字指導教材集』大阪市人権教育研究協議会)

表3　指導計画

	1	2	3	4	5	6	つ.ながり
第1節 1週	口の体操	舌の体操 くにゃくにゃ	上下・左右 呼吸	なまえことば なかそと なべなべ	かみをきる はさみ	なまえことば はさみ	⊠ ねんど ⊠ はさみ
1－2	はさみ	鉛筆持ち方 絵かきうた	絵かきうた	さ行・た行の ことば 運筆（直線）	ら行・だ行の ことば 運筆（直線）	運筆 たて線 よこ線 ななめ線	
1－3	お話ごっこ が は 運筆	運筆 （まっすぐな線 まがった線）	運筆 eeee MM	運筆 ◎	運筆 ひらがなに 似た形	運筆 ひらがなに 似た形	㊱ ならぶ
2－1	あ	あ	い	う	え	お	㊱ ハンカチおとし
2－2	あ行のまとめ	か	き	く	け	こ	
2－3	か行のまとめ	さ	し す	せ	そ さ行のまとめ	さ行の発音	
2－4	動詞述語文	た ち	つ て	と た行のまとめ	語い 動物 植物	な に	㊲ 集合
2－5	ぬ ね	ぬ ね	の な行のまとめ	語い あそび	は ひ	ふ	
2－6	へ	ほ は行のまとめ	名詞述語文	形容詞 形容動詞 述語文	ま み	む	
2－7	め も	ま行のまとめ ことば遊び	語い なかま	ことば遊び 回文 はや口ことば	や	ゆ	
2－8	よ や行のまとめ	ら り	る れ	ろ ら行のまとめ	ら行の発音	わ わ行のまとめ	
2－9	ん	行と段	語い 人	が・行	ざ行	だ行	㊳ つづり方
2－10	ぱ行	ぱ行 助数詞 濁音のまとめ	助詞 ～を	助詞 ～は	助詞 ～へ	三文型のまとめ	
3－1	50音の復習	50音の復習	促音 (1)	促音 (2)	長い音・短い音		
3－2	長音（あ段）	長音（い段）	長音（う段）	長音（え段①）	長音（え段②）		
3－3	長音（お段①）	長音（お段②）	長音まとめ	語い 要求	直音 拗音		
3－4	拗音 （きゃきゅきょ）	拗音 （しゃしゅしょ）	拗音 （ちゃちゅちょ）	拗音 （にゃにゅにょ）	拗音 （ひゃひゅひょ）		
3－5	拗音 （みゃみゅみょ）	拗音 （りゃりゅりょ）	にごった ねじれた音	拗音のまとめ	語い 手		
3－6	拗長音 (1)	拗長音 (2)	拗長音 (3)	拗促音	まとめ		

（大阪市同和教育研究協議会提供）

❻学力格差の再発見と同和教育

　同対審答申以降、1970年代には、低学力の克服をめざして、「ひらがな指導」、算数教材の自主編成、地域教材の作成、促進指導など、さまざまな学力保障の施策が進められてきた。しかし、1980年代になり、それらの施策の実効性に、果たしてそれらの方策によって部落の子どもの低学力は解決しているのかという疑問があがってきた。大阪をはじめ、各地で、1970年代の学力保障の取り組みを検証すべく、学力テストとあわせて生活実態調査が実施された。例えば1985年に大阪で行われた調査では、子どもたちの学力は生活実態と深くかかわっていること、部落内外で学力格差は依然として存在していることなどが指摘された。この結果をふまえて各地域・学校において授業改革運動や家庭学習運動が進められていった。学力格差克服のために調査研究を実施し、教育施策の効果検証を行うということは、当時の日本では画期的なことであった。

　さて、1999年、「ゆとり教育」に対する批判が高まるなかで「学力低下論争」が日本中を席巻した。「学力低下」は事実なのか、また、低下したとするならばその要因は何なのかを調べることもないまま、個々の経験に基づいた教育談議が横行していた。そこで注目されたのが、1989年調査（校区に部落のある学校を対象とした学力・生活総合実態調査）である。これは、先に述べた1980年代に実施された学力調査の一つであり、大阪府内の校区に部落のある小中学校十数校ずつを対象に、「学力テスト」とともに「生活と学習についてのアンケート」を実施していた。現在は、文部科学省の学力調査においても、学力検査と生活アンケートをともに実施することは当たり前になりつつあるが、以前は学力テストだけであった。学力テスト単体では、テストの点数に見られる学力の経年比較はできるが、なぜ変化が生じたのか、その要因を調べることはできない。ゆえに1989年調査は極めて貴重なものであった。この調査は、厳しい生活実態を抱えていた部落の子どもたちの家庭生活や学習の状況をていねいに把握し、それらとの関連で子どもの学力の状況を把握し、今後の学力保障の方法を改善するための手がかりを見いだそうとす

る社会政策的な目的を有していた。

2001 年、志水らは同じ対象校に同じ調査項目で調査を行い、1989 年調査と比較して下記の 5 つの事実を見いだした（志水、6 頁、2003 年）。

①子どもたちの「基礎学力」は着実に低下している。
②それは、子どもたちの生活・学習状況の変化と密接に関連している。
③また、子どもたちの学力には「分極化」傾向がみられる。
④それは、子どもたちの家庭背景と密接に関係している。
⑤しかしながら、そうした「学力低下」や「格差の拡大」を克服している学校がたしかに存在している。

この調査では、階層的視点から子どもたちの学力を分析するために、文化的な環境を問う設問（「家の人はテレビでニュース番組を見る」「家の人が手作りのお菓子を作ってくれる」「小さいとき、家の人に絵本を読んでもらった」など）を用いて「文化的階層」指標を作成している。この物差しを用いて、文化的階層の「上位」、「中位」、「下位」グループを作成して、「学習意欲」「学習行動」「学習の成果」とでクロス集計したところ、いずれの項目でも、家庭の文化的環境の差が大きく出てくることがわかるのだ。このことから、「学力低下問題」と語られていたものは、一律にすべての子どもの学力が低下したのではなく、実は、家庭環境を要因とする「学力格差の拡大」であったこと、つまり、しんどい層の子どもたちの学力がよりいっそう厳しい状況に追い込まれていたことが明らかになったのである。

❼格差を克服する学校と学力保障の取り組み

さて、調査対象校のなかに、保護者の学歴、文化的階層、通塾などで示される社会階層の高位の子どもと低位の子どもの学力格差が小さい小学校が発見された。それは、この学校には教育的に不利な家庭環境のもとにある子どもたちの学力を下支えし、「落ちこぼれ」を防ぐ仕組みがあることを意味していた。社会階層による学力の格差を克服している「効果のある学校」の発見であった。志水は、この小学校の基礎学力保障の特徴的な取

り組みを以下の6点にまとめている。

①わからない時にわからないと言える学習集団づくり

　　良さの見えにくい子を中心にすえた集団づくり

②授業と家庭学習の有機的なリンク

　　単元別の小冊子や毎日の宿題、地域と連携した家庭学習

③弾力的な指導体制と多様な授業形態

　　少人数授業、分割授業、教科担任制を導入、教職員全体で取り組む

④学力実態の綿密な把握

　　基礎学力の定着状況を恒常的にモニター。低学力層の課題を明らかに

⑤学習内容の定着をはかる補充学習

　　放課後学習や毎日学習など、基礎学力定着のためのセイフティネット

⑥動機付けをはかる総合学習の推進

　　自分を見つめ、地域と出会い、生き方や夢について考える

（志水、130〜142頁より抜粋、2005年）

　この小学校は、1970年代には子どもたちの荒れと低学力を克服するために、しんどい子を荒れさせない集団づくりに取り組み、地域・家庭との連携により家庭学習運動を展開した。また、1980年代には、親の自分史を聞き取り自分の生き方を考えることで「進路意欲」や「学習動機」を高める総合的な学習に取り組み、1990年代には、当時の同和教育における授業改革運動のなかで、一斉授業から脱却し少人数やコース別授業など多様な授業形態への挑戦も行ってきた。上記の学力格差克服の6つのポイントとは、すべて、この学校が部落解放をめざして、学力保障をはじめ、長年の同和教育の総合的な実践のなかで大切にしてきたことなのである。

　同和教育実践における学力保障は、単に教科の得点を向上させることを目的としているわけではない。同和教育がめざす学力とは、人間解放につながる生きる力としての学力であり、それを育むためには、科学的なものの見方と同時に、それが行動や実践につながっていくような教育内容の創造が求められる。子どもたちの学力格差の実態は依然として厳しい。私たちは、子どもたちが生育史のなかで奪われてきた基礎学力を取り戻す実践

第3章　同和教育実践の再発見　97

を着実に積み上げていく必要がある。人権の視点をもちながら格差克服を
めざし、学力保障に取り組む教職員の育成が求められている。

4 生き方を育み、未来をひらく進路保障

❶社会的に排除される子どもと進路

　ある定時制高校（単位制夜間）の卒業文集に一人の生徒がこんな文章を
書いていた。「自分はだめな人間だと思っていた。小学校の時も中学校の
時も、いいことなんかひとつもなかった。もうひとりでいいと思ってい
た。昼間、工事現場でアルバイトして、道路の脇に腰掛けてクリームパン
をかじりながら、ふと空を眺めたら、なぜか涙が出てきた。人と一緒にい
たいと思った」。そして最後には、「おれ、バカだけど、やりなおせるか
な」という印象的な言葉で締めくくられていた。その学校では、中学卒業
後すぐに進学してくる生徒だけでなく、しばらくの間働いていたり、また
は働かずにいたり、自宅にこもっていたり、さまざまな経験を経て、ふた
たび学校の門をくぐる生徒も多いという。

　例えば、この生徒の暮らしの事実と願いに応えるためには何が必要だっ
たのか。進路を保障するためには、子どものつまずきに学ぼうとする学力
保障、生活に寄り添った子ども理解、安心安全な居場所としての集団づく
りや自己肯定感の育成、生き方のモデルとなる先輩たちとの出会い、関係
諸機関との連携に基づく保護者支援など、人権の視点に基づいた総合的な
取り組みを就学前・小学校段階から体系的に実践する必要がある。

　1990年代、日本が経済的に後退局面に入ると、非正規雇用が急増する
など雇用構造が大きく変化し、若者の就職が困難になった。こうしたなか
で中教審答申「初等中等教育と高等教育との接続の改善について」（1999
年）は「学校と社会及び学校間の円滑な接続を図るためのキャリア教育」
を「小学校段階から発達段階に応じて実施する必要がある」と提言した。
進路指導は、中学高校における教育課程のなかに位置づけられていた旧来

の枠組みから、社会への移行期に困難を抱える若者の支援も含め、生涯にわたるキャリア発達を視野に入れ、社会で自立できる力を育成することをめざす概念として広がりを求められていた。しかしながら、これらのキャリア教育の概念規定は抽象的な文言にとどまり、「困難を抱える若者」とは、具体的にどのような生活背景に育ち、また学校生活を過ごし、そして、困難を抱えるようになったのか、若者が社会的に排除されるに至った道程も、解決にむすびつくであろう道筋も描かれてはいなかった。

　一方、同和教育実践においては、1960年代から進路指導に代わるものとして「同和教育の総和としての進路保障」という概念を誕生させてきた。単なる進学指導や就職先指導だけでは、部落の子どもたちが直面する進学先や就職先における差別の現実に立ち向かうことはできなかった。子どもたちに、差別を許さず、差別に負けない力、なかまとともに未来を切り拓いていく力を獲得させるための「内なる取り組み」と、教育にかかわる者自身が、子どもたちの進路に立ちはだかる社会の差別的な制度や文化に対してともに変革をめざす「外へのたたかい」が求められた。ここでは、同和教育における進路保障の取り組みについて振り返り、人権教育の視点からキャリア教育の内実を創造する実践について紹介したい。

❷同和教育の総和としての進路保障
──解放奨学金と統一応募用紙

　学校教育には、入学と同時に卒業時の進路選択を意図した教育課程が組み込まれており、進路指導と名付けられている。1958年から進路指導は特別教育活動における学級活動の一部として位置づけられ、その後「学校の教育活動の全体を通じて（中略）進路指導を行う」とされたが、実際には、入学試験や就職試験に合格させるための、いわゆる「出口指導」となっていた。特に、1960年代以降、高校進学率が上昇するなかで、中学校における進路指導は高校の偏差値による「輪切り」進学指導に偏重し、なかには、中学3年生の段階で、高校進学希望者と就職希望者とでクラスを分けて、進学指導に熱を入れる学校もあった。そのなかで、被差別の立

場にあった子どもたちの多くは、学校教育から捨て置かれ、自分自身がおかれた社会的立場の自覚をもつことも、また、将来の夢を描くこともできないまま、差別的な社会構造のなかに放り出されていたのである。

こうしたなかで取り組まれた進路保障実践の重要な柱として、部落の子どもたちの低学力克服に向けた学力保障の取り組みがある。「せめて高校には行かせてやりたい」という部落の親たちの願いを受けて、小中学校では、補充学習、促進学習、家庭学習の組織化など、さまざまな実践が取り組まれたが、この点については前節を参照していただきたい。ここでは、進路選択を可能にする諸条件を整備させてきた「人権としての教育」の先進的な事例として統一応募用紙と奨学金制度について、また、社会的立場の自覚をふまえて生き方を考える進路学習の実践について述べる。

統一応募用紙を求める運動の発端となったのは、中学・高校の新規卒業者に対する就職差別にあった。1960年代まで、採用選考する際には、求職者（生徒）に対して、求人側（会社）が用意した書類（社用紙）を提出させるのが当たり前に行われていた。しかしその内容は、本籍地や出生地などの戸籍、家族の構成や職業、収入、自宅が持ち家か否かなど、本人の能力や適性とは無関係な事項が多く、差別的な選考の温床となる内容で構成されており、社会的に不利益な立場にある子どもたちを、就職の機会均等から排除するものであった。こうしたなかで、部落出身の高校生が社用紙を提出しただけで書類審査により落とされるという差別選考が各地で生起したことに対して、高校生と教師たちがともに闘ったのである。

1973年には、労働省、文部省、全国高等学校校長会の協議により差別的な項目を削除した「全国高等学校統一応募書類」が作成され、全国の自治体、教育委員会、学校に周知されることとなった。労働省からの通知文には「片親または両親を欠く者、心身に障害のある者及び定時制・通信制在学者等に対する差別的な取扱いがみられ、特に同和対策対象地域住民に対する就職に際しての不合理な差別事象は後を絶たないところである」と記載されており、それまで差別的な「社用紙」によって、さまざまなマイノリティの子どもたちが理不尽な就職差別を受けていたことがわかる。そ

図2 高校進学率の推移（1）（通信制をのぞく、大阪市を含む）

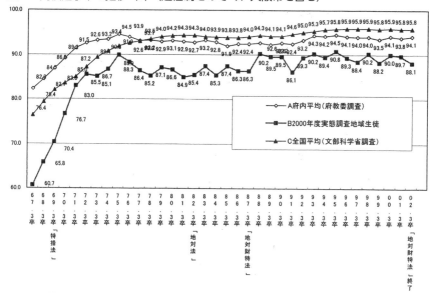

（大阪府人権教育研究協議会編・発行『大阪の子どもたち―子どもの生活白書―2010年度版』）

の後も、本人の適性・能力に関係ない個人情報は収集しないという原則のもと、1996年には、本籍や家族構成の欄を、また、2005年には、保護者欄を削除・改訂するなど、さらなる諸条件の改善を進めている。

次に、部落の子どもたちの高校進学率の向上を教育諸条件の整備という観点から後押ししたのが、解放奨学金制度（同和対策奨学奨励費補助事業）の普及である。1963年の時点で全国の高校進学率が平均66.8％であったのに対して地区平均は30.0％であり、その格差は厳然たるものであった。進学率の低さは、不安定な仕事、低収入、生活不安など、部落差別の悪循環を象徴するものであり、高校進学率の改善はこの悪循環を断ち切るための象徴でもあった。そして、高校進学の条件整備として、1966年に解放奨学金制度が設けられ、部落差別に起因した経済的貧困により子どもたちが進学を断念するという状況は大きく改善した。

図2のグラフのとおり、1960年から70年にかけて、部落の子どもたちの高校進学率は急上昇する。部落の子どもたちについては、今もなお、高

校中退率の高さや大学進学率の低位性など課題は多く残る。しかし、解放奨学金制度の設立は、教育の無償化が差別と貧困の連鎖を断ち切るための重要で効果的な施策であることを証明したものといえる。子どもの進路を「人権としての教育」の視点からとらえることの重要性を再確認したい。

　さて、同和教育における進路保障には、社会的立場の自覚をふまえて、自分の生活を見つめ、将来の生き方を考えるという教育の営みが欠かせない。部落に対する差別的なまなざしのなかで、子どもたちは、自分の親・保護者や地域、その労働や産業に対する愛情や誇りを奪われることがあった。そして、将来に対する夢や希望を断ち切られた子どもたちは、無力感と諦めのなかで行き場のない思いを「荒れ」という行動に表出させていた。このような現実を前に、子どもたちが前を向いて生きていく力を培うため、教師たちは地域や保護者と向き合い、地道な実践を積み重ねた。

　まず、地域で暮らす人々の労働や地域の産業について学ぶ取り組みが進められた。そこでは、子どもたちが身近な人や地域の仕事に誇りをもつこと、また保護者と向き合い保護者の願いを受け止め、自分の生活を見つめ将来の生き方を考えることをねらいとしていた。また、多様な職業に従事する人と出会うことにより、それまでに刷り込まれてきた幾つかの職業に対する偏見や先入観を見直していくこともねらいの一つであった。こうした学習のプロセスのなかで、同和教育における進路保障では、偏差値の輪切りで高校を選択するという当時の指導方針とは一線を画し、なかまの生活と自分を重ねながら、ともに差別のない社会をつくるためにどのような生き方をめざすのかを考える進路学習が重視されたのである。

❸人権教育を土台に据えたキャリア教育

　同和教育における進路保障の取り組みはさらに広がりを見せ、保護者から仕事の体験や思いを聞き取り、職業に対する偏見をとらえ直し、職業観・勤労観を鍛える実践が展開された。1990年代には、中学校では、子どもたちの実態と目的にあわせて多様な職場体験学習が行われるようになり、また小学校においても、将来の生き方のモデルとなる人の出会いをつ

くる実践が行われるなど、仕事や生き方に対して夢や誇りを育む実践が積み重ねられた。そして、2000年代には、同和教育における進路保障は、保幼小中高を接続する総合的な取り組みへと発展していた。

そのようななかで、文部科学省におかれた「キャリア教育の推進に関する総合的調査研究協力者会議」は、2004年に報告書『児童生徒一人一人の勤労観、職業観を育てるために』を公表した。この報告書自体は人権教育を謳ったものではなかったが、各地の学校は、これまで取り組んできた人権教育を基盤とした進路保障の実践を、キャリア発達支援という視点で整理し、教育課程全体のなかに位置づける作業を行った。そして、教育行政においても、例えば大阪府教育委員会が定めたキャリア教育指針（「キャリア教育を推進するために」2005年）では、これまでの大阪における人権教育の取り組みをふまえてキャリア教育を進めるように示されており、人権教育を土台に据えたキャリア教育の実践の推進力となっている。

ここでは、人権の視点で「進路保障をめざすキャリア教育」として実践を展開した小学校の事例を紹介したい。まず、その学校では、キャリア教育を進めるにあたって、①被差別の立場にある子どもたちの自信と誇りを獲得させること、②それらの子どもたちのなかに象徴的に見える、低学力傾向や二極化の下位層に位置する課題、③生活状況や生活環境による生活経験の乏しさをカバーするため、視野や経験を拡げることにより、生活を高めていくことや、将来の自分を思い描くこと、④すべての教育活動の基盤は「なかまづくり・学級集団づくり」である、以上4点を再確認した。また、これらの視点をもとに文部科学省のキャリア教育の枠組みをふまえつつ、学校独自の枠組みとして、「なかまづくり・学級集団づくり」を土台として、「エンパワメントの力」「リテラシーの力」「キャリアビジョンの力」と名付けた3つの側面を定義した。例えば、「キャリアビジョンの力」を育む取り組みとしては、修学旅行で大学を訪問し、反差別の取り組みをしている学生と直接出会う取り組みを位置づけている。「エンパワメントの力」を育む取り組みとしては、次のような実践報告がなされている。「進路保障をめざすキャリア教育」の一つの結実といえるだろう。

第3章　同和教育実践の再発見　103

3歳の頃に、自分たち姉弟や家族を捨てて出ていった父親に対して、「うちはおやじがきらいや。あんなおやじなんか……。」と、つぶやくみさき（仮名）という子どもがいました。みさきは、祖母からの「あんなんおやじとちがう。他人や。」という言葉や、心の病気で仕事についていない母親の姿を見るにつけ、父親に対する憎しみは強くなっていきました。

　しかし、担任の何回にも渡る家庭訪問でのみさきとの話し込みや、学校での人権・部落問題学習を進めていく中で、「うちら姉弟を捨てて出てったおやじやけど、そのおやじと母親がいたからこそ、いまの自分が存在するのだ」と気づき始めます。さらにみさきは、限られた父親との記憶をたどっていく中で、「本当は、自分たちとも別れたくなかったのかも……。」と少しずつ変化していきます。

　しかし、彼女は「今度、出会ったときには言いたいことがある。」と言います。「『なんで、うちらを捨てて出ていったん。うちらのこと、どう思ってるの？』と聞きたい。でも、その時は『恥ずかしくない自分を見せていきたい。』」「恥ずかしくない自分って何や？」と聞くと、「それはバリバリ働いている自分や。」と言います。

　彼女は、将来、理学療法士をめざしています。職場体験もその関連施設に行きました。そのためには勉強が大事で、苦手な算数もがんばろうと決意していくようになっていきます。

（全国人権・同和教育研究大会地元特別報告〈三重〉、2009年）

　人権教育を土台に据えたキャリア教育がどのような可能性を含んでいるか、この実践はよく示している。このようにして子どもたち一人ひとりに進路を切り拓く実践と、統一応募用紙や奨学金制度充実など制度変革の取り組みが一体となるとき、進路保障の道がひらけていくのである。

第4章 生活を通して子どもをつなぐ集団づくり

1 集団づくりの歴史と人権

❶集団づくりの位置づけ

　集団づくりの実践は、地域・学校によって差異が大きく、学生たちの経験もさまざまだ。これは、集団づくりというものが、教員にとっては重要な実践知として各地で継承されてきたものの、学習指導要領をはじめ標準化された文書において取り扱われてこなかったことが大きな要因と考えられる。教員は担任になったその日から、目の前にいる子どもたちとどう暮らすか、すなわち学級集団の形成という課題に直面する。そこで、多くの教員たちは、先輩教員の実践を見て学ぶという教師文化のなかで集団づくりの理念と技法を習得してきたのである。

　しかし、1990年代以降、不登校が大きな社会問題となるなかで、学校不適応対策調査研究協力者会議の報告書（文部科学省、1992年）が出され、これ以降、いじめ・不登校問題の解決に向けて、「心の居場所づくり」のための学級集団づくりや、「絆づくり」のための児童生徒の自主活動の活性化が推奨されるようになった。2008年の学習指導要領では、あらたに「人間関係」の文言を加え、特別活動の目標を「望ましい集団活動を通して人間関係を築こうとする自主的、実践的な態度を育てる」とすることとなった。子どもの人間関係づくりの力が弱くなったといわれるなか、学習指導要領のなかに人間関係を形成する力を養う活動の充実が書き込まれたことの意義は大きい。

このようななかで、「人権教育の指導方法等の在り方について［第3次取りまとめ］」（文部科学省、2008年）においては、人権教育を進める際には、教育内容や方法の在り方とともに、教育・学習の場そのものの在り方が極めて大きな意味をもつと指摘している。また、人権尊重の視点に立った学校づくりを進めるうえで、生徒指導、教科等指導、学級経営等を3本柱とし、そのなかで、人権教育の成立基盤となる教育・学習環境として、学級経営を位置づけている（図1）。さらに、学校・学級の「隠れたカリキュラム」を構成するものとして、場の在り方や雰囲気をあげ、例えば、いじめ防止の学習を行うためには、いじめを許さない雰囲気が浸透する学校・学級で生活できる場をつくることとしている。つまり、人権学習を進めるにあたり、「隠れたカリキュラム」としての学級集団を形成することが担任の重要な役割であることが明示されたのである。

　今、学校では、貧困や外国にルーツのある子どもなど、社会的に排除されやすい立場にある子どもたちの問題が焦点化している。例えば、「学習

図1

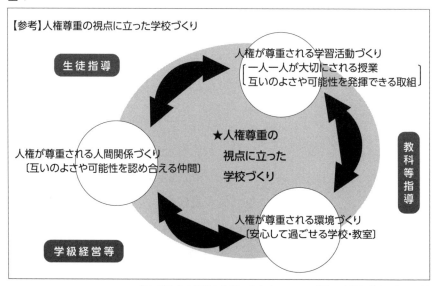

（「人権教育の指導方法等の在り方について［第3次取りまとめ］」より）

指導要領解説総則編」（2017年）にも、帰国生徒、外国人生徒、外国につながる生徒について、「教師自身が当該生徒の言語的・文化的背景に関心を持ち、理解しようとする姿勢を保ち、温かい対応を図るとともに、当該生徒を取り巻く人間関係を好ましいものにするよう学級経営において配慮する必要がある」と述べられている。まさに子どもの生活の事実に学び、生活を通して子どもをつなぐ集団づくりが求められているのだ。

❷同和教育実践における集団づくり①（1950〜60年代）

　ここで、戦後の同和教育実践における集団づくりの歴史について振り返ってみよう（大阪府人権教育研究協議会編・発行『わたし出会い発見 Part6』272〜283頁、2006年参照）。

　まず、1950〜60年代は、子どもたちの厳しい生活背景に向き合うなかで「差別の現実から深く学ぶ」「生活を通した集団づくり」などの言葉が実践から生まれ、現在につながる集団づくりの土台が確立された時代といえる。同和対策事業がないなかで、子どもの生活は厳しく、学校に来られない子どもたちが被差別部落（以下、部落）に集中していた。また、学校に登校するようになっても、勉強についていけず、将来の見通しもないなかで荒れていくのだった。部落の子どもたちがなぜ荒れるのか、なぜ教師に反抗するのかなど、その背景を子どもたちは理解するすべもなく、学級内の人間関係は分断されていた。部落の子どもをはじめとして、すべての子どもたちが安心して学ぶ環境をつくるために、教師は「荒れ」の背景に差別などの社会的問題があることを自ら理解し、また、それを子どもたちが互いに理解できるように教育する必要があった。

　生活背景の厳しい子どもがいることをふまえて集団づくりを進めるためには、子どもたち自身が、なかまの生活背景とそのなかでの思いを共有することが不可欠だった。そこで同和教育に取り組む教師たちが注目したのが、生活綴り方だった。生活綴り方とは、東北地方の教師たちが、貧しい農山村で生きる子どもたちに、自分の生活を見つめ、ありのままに綴り、生活について考え、自分たちがおかれている社会の矛盾に気づく学習活動

第4章　生活を通して子どもをつなぐ集団づくり　**107**

として始めたものである。その実践のなかで、子どもたちはなかまの生活を知り、自分の暮らしに重ねて共感し、ともに生き方を考え語り合うなかまとなるのであった。

その後、生活綴り方に取り組む教師たちは、子どもが書いたものをクラスのなかで発表し、それをクラスの子どもたちで話し合うという方法で、個人の問題が集団の問題として話し合われる実践へと発展させ、生活を通した集団づくりの実践の基礎を築いた。当時の生活綴り方の実践を読むと、教師たちのあたたかく肯定的な人間観と子どもの生活の事実を尊重する姿勢に心を洗われる。下記は、「子どもの心の扉が開くこと」という文章の一節である。子どもが書いたことに対して、先生が、祝福と賞賛の短いコメントを返したり、承認と共感のメッセージを伝えている。これを繰り返すことによって、子どもたちがどんどん書くようになることを、当時の実践家たちは確かな手応えとして感じ、その経験知を蓄積していったのだ。

　あさおきて、かおあらって、めしくって、がっこうへきた。
　と書いたら、
　「そうか、それはよかったね。めしがくえて。」と祝福してやらなくてはならない。めしの食えない子どももいるのだから。そして、こういう作文を書かせることそのことによって、社会の矛盾に気付かせることもできるのである。先生の祝福のことばをきいて、本当に共感を覚える子どももいるだろうし、また、先生のこの発言によって、自分以外の者たちの生活を考える子どももできてくるだろう。
　きょう　かよちゃんと
　あそんでいたら、
　あめが　ふったので、
　べんきょうしました。
　こんな文を書いたら、ずいぶんほめなくてはならない。
　「かよちゃんと遊んでいたのだね。何してあそんでいたの。」
　「石けりして。」
　「そう、それで、けんかしたの。」

「しなかった。」

「えらいね。なかよく遊んだのだね。」 (以下、略)

(小川太郎・国分一太郎編『生活綴方的教育方法』133 ～ 134 頁、明治図書、1955 年)

❸同和教育実践における集団づくり②（1970～80年代）

　次に、1970～80 年代は、1965 年に提出された同和対策審議会答申に基づき、同和教育が学校や教育委員会などで組織的に取り組まれるようになり、また、部落問題から在日韓国・朝鮮人問題、障害者問題など、さまざまな人権問題に広がりを見せた時代であった。集団づくりにおいては、部落に青少年会館などの活動拠点が建設され、部落解放をめざす子ども会活動が飛躍的に発展した時期である。部落の子ども会は、部落解放をめざす学びを深めるなかで、子どもたちが自らの生い立ちをとらえ直し、アイデンティティの確立と部落解放に向けて取り組む自覚を育むことを目的としていた。こうして学校での集団づくりや部落問題学習の取り組みは、解放の自覚を育み、なかまに部落問題を知ってもらいたいと願う子ども会の活動と連携して大きな深まりを見せた。

　また、この時期から、しんどい子どもを中心に生活班による活動を展開し、差別を許さないなかま関係をつくるという、反差別の集団づくりの実践が広がり、同和教育における集団づくりの基本スタイルが形成される。「しんどい子どもを中心に」というフレーズは、地域や学校によって「良さの見えにくい子を中心に」「課題のある子どもを中心に」「他ならぬこの子を中心に」などさまざまに表現されているが、いずれも、生活や学力、人間関係などで困難を抱えている子どもを教師の立ち位置の基軸におくことで、すべての子どもに光が届く集団づくりをめざすものであった。

　それまでの「班活動による集団づくり」では、例えば、勉強やスポーツのできる子をリーダーにすることがモデル事例とされ、班活動では競争によって優劣をつけて集団を喚起する方法がしばしば用いられていた。しかし、同和教育における「しんどい子どもを中心にした集団づくり」は、

第 4 章　生活を通して子どもをつなぐ集団づくり　109

その価値観を大きく転換させるものであった。例えば同和教育における「リーダー」とは、気になるなかまの「荒れ」の背景に思いをはせ、かかわろうとする子どもであり、いじめや差別を許さない学校・学級を主体的につくろうとする子どもだと位置づけるようになった。こうして、教師と子どもたちがともに、学校・学年のなかまの「荒れ」に取り組む実践が各地で取り組まれた。しんどい子どもたちの「荒れ」には、社会の矛盾が映し出されている。「荒れ」のなかにいた子どもが立場を自覚し、自分の課題に向き合い、自らの生きる道をつくろうとするとき、そのエネルギーは集団の質を変革する力をもつ。「リーダー」層の子どもたちもまた、「しんどい子ども」にかかわりながら、実は、自分自身を見つめ、自分の生活を振り返り、重なる経験や思いに気づいていくのだ。こうして、「しんどい子どもを中心にした集団づくり」において、子どもたちの関係は、支える・支えられるの固定的な関係を超えていった。

❹同和教育実践における集団づくり③（1990年代〜）

　1990年から現在に至る時代は、「人権教育のための国連10年」（1995年〜）の取り組みのなかで、同和教育を土台に据えつつ、海外の人権教育からセルフエスティーム（自尊感情・自己肯定感）やエンパワメントなどの概念を学びとった時代であり、また、女性、子ども、新規渡日者、中国帰国者、セクシュアル・マイノリティなどへと取り組む課題がさらに広がるなど、同和教育が人権教育として幅広く展開した時代である。

　集団づくりにおいても「参加体験型学習」が導入され、海外の人権教育から学んだ主体的で対話的な学びのスタイルが、生活班などの小集団活動において積極的に取り入れられるようになった。この時期は、少子化や地域の人間関係の希薄化などにより、子どもたちの人間関係づくりの力が脆弱化し、小学校高学年における学級崩壊や小学校入学時点における小1プロブレムなどが社会問題となっていた。そこで、人権教育の土台づくりとして、ソーシャルスキルや感情の学習、また、ストレスマネジメントや怒りのコントロールなど、人間関係づくりに関する学習に取り組む実践が

広がりを見せた。生活班を活用した集団づくりに取り組む際にも、自然発生的な集団形成に依拠するのではなく、教師が一人ひとりの子どもとつながること、そして、教師が子どもと子どもをつなぐというステップを踏むことの必要性がていねいに語られるようになった。

　また、セルフエスティームの概念が導入されたことも、集団づくりにとって大きな意味があった。セルフエスティームとは、自分で自分のことを好きと思える感情、つまり自尊感情、自己肯定感のことをいう。戦後同和教育においては、「社会的立場の自覚」という概念が大切にされてきた。社会的立場の自覚とは、それまで、部落に生まれたことを否定的にとらえざるをえず、親や地域、そして自分自身をも否定してきた子どもたちが、差別について学ぶことによって、親や地域や自分が悪いのではない、悪いのは差別であるととらえ直し、部落民としての誇りを取り戻すプロセスを伴っていた。この自己否定から自己肯定への反転、奪われてきた自己肯定感（誇り）を取り戻すプロセスこそが同和教育実践の神髄であった。

　しかし、1990年頃には、ややもすると、立場を自覚して立ち上がることが正しいことであり、そうでない子どもたちは意識の低い存在と見なす傾向も見られるようになっていた。本来、同和教育実践における集団づくりとは、社会の差別意識を内面化して自分のことが好きになれずにいた子どもたちが、互いに勇気づけ、ともに活動するなかで、良いところも悪いところも含めて、いつしか自分のこともなかまのことも愛おしく思える取り組みであった。セルフエスティーム概念の導入は、自分のことを好きだと思えることの意味を改めて問い直し、同和教育の財産である「社会的立場の自覚」や「誇り」という実践知を改めて整理させてくれるものであった。

　最後に、21世紀にさしかかる頃、同和教育実践における集団づくりを、改めて読み解く手がかりとなったのが、心的外傷とその回復に関する概念である。当時、集団づくりの実践は、虐待的な家庭環境で育ち、基本的信頼感や自己肯定感が充たされないままの子ども、他者に対して愛着と承認を求める行動を繰り返し、それを得ることができないと怒りや攻撃へと変化させる子どもについて、その理解と対応の困難さに直面していた。こう

したなかで人間関係づくりに取り組むためには、これまで以上に子どもの生育史や心的外傷についての理解が必要であった。

　心的外傷から回復するためには、安心安全な場において、援助者に伴走してもらいながら、子どもたちが「傷ついた自己」を修復し、周囲の人間関係や社会との関係を再び再統合していくプロセス、つまり「つながりを取り戻す」ことが必要だという。生活を通した集団づくりのなかで、子どもが自分と向き合い、生活史をつづり、他者との関係を取り戻してきた同和教育の実践は、21世紀に改めて読み解くことで、これからの子ども理解と援助の在り方として、その必要性を再確認することができた。

　以上、戦後同和教育実践における集団づくりの歴史を3期に分けて概観した。

2 ｜ 生活背景を通して子どもを理解する

❶子どもの暮らしを知るところから

　筆者の初任の頃のほろ苦い経験を思い出してみよう。全員20代の担任で構成された学年団は、何事に対しても、全員統一してやり切ることに懸命だった。そのなかに、終学活のときに「1日1枚の連絡帳を書く」という取り組みがあった。連絡帳には、明日の授業、持ち物、宿題、そして、家庭学習コーナーに、一日の振り返りを記載する日記欄、そして保護者が確認印を押す欄まであった。今にして思えば、一枚の紙に、あれもこれもと欲張りに詰め込んだものだと思う。

　クラスに治美（仮名）という生徒がいた。クラスにはさまざまな課題を抱えた子どもたちがいたが、治美は、とびきりワガママな印象の子どもだった。新学期がスタートして間もなく、とりあえず、連絡帳はほぼ全員が提出していた。ところが、一人、治美は連絡帳を提出しない。祖父母に育てられていることは知っていたが、「ハンコを押すだけなのだから（やってくださるだろう）」と考え、私は、治美を教室に残して連絡帳を一緒に書

かせようとした。ところが、ある瞬間、治美の顔が赤く上気したかと思うと、「字、書かれへんのに、ばあちゃんにこんなん見せられへんわ！」と叫ぶと同時に、連絡帳の用紙を破り捨てて走り去っていった。

　頭では理解しているつもりだった。差別と貧困のために、就学の機会を奪われ、字の読み書きのできない高齢者がおられること、そして、識字学級で再び学び直そうとしていることを。しかし、字の読み書きができないことのリアルな生活の事実とそこに込められた思いを、私は知らなかった。いや、知ろうとしていないから、無神経に「ハンコは押せるだろう」などと、勝手な憶測で治美を傷つけてしまっていたのだ。

　その後、治美の家の家庭訪問で学んだことはもちろんだが、同じ地域に暮らす保護者の方から教えてもらったことも印象深い。ある家に家庭訪問に行っていたときのことだ。食卓の上には、カゴに入ったミカンがあった。「先生、治美のこと、ワガママとか自己中、って思ってたやろ」「でもな、あの子は小さい頃から、うちに遊びに来てても、このミカン一つ、自分からは手を付けられへん子やってんで。『治美ちゃん、一緒に食べよか』って声かけてやらんと『ほしい』のひと言が言われへんねん。ずっと、気を使って生きてきたんやな」と。その後、両親ともに失踪し、幼い頃から祖父母に育てられてきたことなど、治美の生きてきた12年間の人生を少し教えてもらったことで、いつのまにか、私のなかで「ワガママで自己中」な治美は、「おばあちゃん思いの気配り屋さん」に変わっていっていた。その後も、私は学級担任として何度も失敗を重ねているが、そのたびに「生活背景を通して理解する」という原点に立ち戻って、子どもや保護者の見え方が変わるということを経験させてもらってきた。

❷自らの「特権」と「内なる多様性」に気づく

　さて、学生たちに、こうした厳しい生活背景を抱えた子どもや保護者の話をすると、「自分には経験がないから、どう受け止めてよいのかわからない」という不安の声が出てくる。さらには、「中学受験をしたので、私の学校には障害者も外国人も貧困家庭の子もいなかったと思います。どう

したらよいのか、わかりません」というような感想も毎年のように出てくる。しかし、これらの反応は、学生たちにとって必要なステップでもある。厳しい生活のなかで生きている子どもたちの存在に気づくということは、自分が「特権」の側にいることに気づくことなのだ。

　しかし、また一方で、学生たちのなかから共感する声も多く出てくる。それは、例えば、ひとり親家庭の学生たちの経験である。小学校の頃に、家庭学習の課題として、縦笛の練習や教科書の音読を保護者に聞いてもらって、サインをする日課表が出されていたらしい。しかし、彼らは小学生ながら、疲れて帰ってきた母親の姿を見て、音読を聞いてほしい、日課表にサインをしてほしいとはとても言えなくて、代わりに自分で名前を書いて提出していたという。ある学生は、「今にして思えば、下手な漢字で書いた名前を先生はどう思っていたのだろうか。自分は学校では優等生として生きてきたけれど、本当の姿は見せていなかった」という。さらには、「生活保護を受けていたが、誰にも話したことはない」「うちはDV家庭で、今も母親のことが心配」などという声も毎年のようにあがってくる。こんな経験が大学の講義室のあちらこちらから出てくると、先ほどの「自分たちは『特権』の側にいるのだ」と自覚した学生たちは、今度は「内なる多様性」に気づくことになる。つまり、この講義室のなかにも、生活背景に困難を抱えていた学生がいること、それは、遠い世界の「対象」ではなく、私たちの日常のなかに存在するにもかかわらず、私たちが「見ようとしなければ、見えなかった」事実なのだと学んでいく。こうして、講義室のなかの体験とはいえ、同じ教室のなかまの生活史に触れる経験を通して、「10歳の子には10年間の、その子の生活史がある」という子ども理解で語られる表現の意味を、少し共有することになる。

❸「どうしたん?」から始まる他者に対する関心

　教師が「生活背景を通した子ども理解」に基づいて、子どもや保護者にかかわるようになると、それは自然と学級内に価値観として浸透し、子どもたちもまた、なかまを生活背景を通して理解しようとし始める。だから

こそ、人権教育における集団づくりでは、子どもへのメッセージとして、人間観、価値観をていねいに伝える必要がある。

　ぬくもりのある教室をめざして、子どもたちに伝えたいメッセージは二つある。一つは、「どうしたん？」から始まる他者に対するあたたかな関心だ。気になる子がいたら、そっと寄り添い、「どうしたん？」と声をかける、そんな人とのかかわり方を価値づけたい。学校を休みがちな子がいれば、「あの子、どうしたんやろう」と思いをめぐらせ、ついつい何かできないだろうかと動き出す、そんな人としての動き方を価値づけたい。

　例えば、5月の連休明けに、こんな班ノートが舞い込んできた（子どもの名前はすべて仮名）。

　担当田中っす！　日曜日のことなんだけど、みんなで鈴木の知っている釣り場に行く途中に、顔半分黒っぽくてぶくぶくふくらんでいる人に会った。それを見た時は、めっちゃびびってんけど、しだいに「めっちゃ、かわいそうやなぁ」って思った。それにおっちゃん　すげー勇気あるなぁーと思った。どう考えても、ふつうは、何か顔をかくすもんをかぶったりするやろ。いろいろ、人になんか言われたりしたはずや。それでも顔を隠さずにふつうに外を歩いてんのはすごいことだと思う。「おっちゃん、すごいぞ!!!」

　この班ノートを見たときに、田中さんのあたたかい人間観の芽が見えた。そして、すぐに学級通信に写し取り、次のようにメッセージを付け加えて、この班ノートを価値づけることにした。

　おっちゃんもすごい。だけど、田中さんもすごい。同じものを見ても、同じ事を体験しても、何を感じ取るのか、何を自分で掴んでいくのかは、そのひとの力なんだ。この力は人生をバラ色にもできるし、灰色にだってしてしまう。

　「昨日釣りに行って、きもいおっさん見たで！」とおもしろおかしく話して、友だちときゃーきゃー騒ぐことだって出来たはずだ。でも、田中

第4章　生活を通して子どもをつなぐ集団づくり　115

さんにはもう少し深いところまで人を見つめる力が生まれたみたいだ。

おっちゃん、なんで顔を隠さへんのかな。おっちゃん、きっといろいろ言われてきたんやろうな……。おっちゃん、子どもの頃どうやったんやろう。そんなふうに、その人のことを丸ごと感じてみたら「おっちゃん、すごいぞ」と言う言葉が飛び出したのだと思う。

このクラスには、授業妨害を繰り返し、教師ともトラブル続きの生徒がいた。学級のなかに、その子の「荒れ」の背景を理解しようとする価値観がなければ、毎日続く「奇声」や「言い争い」に嫌気がさしてしまうところだ。しかし、この班ノートをきっかけに、その子の行動の背景を考えようとする価値観がクラスに浸透することによって、例えば授業中にわざわざ「奇声」を上げたりする必要のない関係性が生まれてくるのだ。

子どもたちに伝えたいもう一つのメッセージは、「しんどいことは恥ではない。しんどいことをのりこえて生きている姿はたくましく、美しい」ということだ。差別や貧困など、社会から否定的な烙印を押されることがあったとしても、その外圧から自らを解き放ち、しぶとく、たくましく生きる人の姿にこそ価値を見いだしたい。子どもたちのなかには、周囲の人たちや世間、そして社会からマイナス・メッセージのシャワーをたくさん浴びて、自分のことを好きになれずにいる子がいる。だからこそ、自分のなかに埋め込まれた自己否定を逆転し、自分に OK を出して自己肯定へと転換させるメッセージを伝えたい。

例えば、学級通信にこんな話を載せたことがある。

私には、顔に半分青いアザのある友だちがいる。生まれた時から、ずっとそうだ。親戚の人たちは「女の子なのにかわいそう」と、生まれて間もない赤ちゃんにアザを隠す化粧品を贈ろうとした。離島に暮らすお爺ちゃんは、「小さな村で指さされるのが可哀想だから、連れて帰るな」とお母さんに言った。でも、お母さんはたくましかった。赤ちゃんの顔を隠すこともなく、ありのままで生きることを選択した。その子は今、大

好きな音楽関係の仕事をしていて、大きなライブ会場の裏でスタッフを取り仕切っている。身体もでかいが態度もでかい。当然アザは隠してない。

　顔にアザがあることは、恥ずかしいことでも、隠さなければならないことでもない。顔にアザがある人のことを嘲笑する世間の意識が、例えば、おじいちゃんに「連れて帰るな」と言わせているのだ。おじいちゃんの本当の願いは、「孫と早く会いたい」であるはずなのに。世間の目を気にして本当の自分を隠して生きるのか、ありのままの自分で生きるのか、その価値観によって子どもの未来の描き方は変わってくるはずだ。

❹分断された関係をつなぎ直すという視点

　社会の差別意識は、私たちの人間関係をゆがめ、時に分断しようとする。例えば、部落に対する差別意識は根強く、今も校区編成をめぐって、部落を含むか否かによって、地域住民を分断する軋轢が生じることがある。また、学校内においても、水面下で子どもたちの人間関係に亀裂を走らせ、分断するような差別事象として表面化することもある。

　学校は社会の縮図だ。学校における子どもたちの人間関係形成においても、意図的に差別意識と対峙し、分断された関係をつなぎ直す視点をもちながら修復していかなければ、学級集団もまた、社会の差別意識に浸食され、子どもたちは切れ切れに分断されていく。その視点をもって、子どもの集団を見ることができるか、それとも漫然とながめているのかで、取り組みの質は異なってくる。「分断」は、子どもたちの暮らしのなかに事実としてある。しかし、それは見ようとしなければ、見えないのだ。

　ある学校での事例をあげよう。

　はじめて学級担任となった春のことである。まだ、班活動のイロハも知らなかった。自分の中学時代の経験では、昼食は、各自が「自由」に食べるものだと思っていた。生徒たちは、最初の一週間はこじんまりと

三々五々に集まっていたが、二週目にはいると、女子のリーダー格の生徒が声かけをしたらしく、女子が一重の円になって賑やかに食事をするようになった。微笑ましい中学生たちの様子に見えた。しかし、その中で、2人だけ輪に入らずに、自分たちだけで食事をしている女子生徒がいた。しかし、5月の連休が明けると、いじめが始まり、7月頃にはいわゆる「学級崩壊」の様相を呈するようになった。その中で、「不登校」になったのが、食事で輪に入らなかったうちのひとりだった。荒れた2学期を超えて、ようやく学級が落ち着きを取り戻し、不登校の女子生徒がふたたび学校の門をくぐり保健室登校をはじめたのは2月の終わり頃だった。学校に戻ってきてくれたことが嬉しくて、一対一でよく話をした。そんな時、ふと思いついて、「ところで、あの時、なんで円に入らなかったん？」と聞いてみた。すると、その子は「○○市場の向こうの子とは食べたくなかったから」と迷いなく答えたのだ。淡々と、当たり前のことを言うように。こうして私は、一年が終わろうとする頃に、ようやく子どもたちの人間関係や対立の構図が、校区内に根強く残る部落差別を反映したものであったことに気づいたのだ。

　いじめ事象が生起したときは、何を差し置いても、まずは、徹底して被害の立場にある子どもを守ることが必要である。しかし、いじめを根本的に解決するためには、また、いじめを防止するためには、加害と被害の重層性についても理解することが必要である。重層性の一つとしてよく知られているのは、いじめ・いじめられの関係はしばしば反転するということである。しかし、もう一つの重層性として、いじめ事案の場面においては加害の立場にある子どもが、生活場面においては社会的不利益を受ける立場にあるという逆転現象についても理解が必要だ。

　同和教育の歴史のなかでは、1970年代以降、学校全体で「反差別の学級集団づくり」「いじめ・差別を許さない学級集団づくり」などをスローガンに取り組む実践が多く見られる。それらの実践は、「あの子と遊んだらあかん」「あそこから向こうに行ったらあかん」というような地域のおとなたちの発言に対して、それが差別であることを見抜き、なかまととも

に差別を許さない関係をつくっていこうとする学校・学級での集団づくりから始まっていた。差別意識によって分断された関係をつなぎ直すためには、生活背景を通して子どもを理解することが必要だ。しかし、さらに、その理解を確かなものにするためには、例えば、「渡日」の子どもについては、「渡日」の背景や生活文化の実際など、部落の子どもについては、地域の歴史や地域の産業や保護者の労働など、LGBTQの子どもについては、セクシュアリティに関する基礎的な知識や日常生活での悩みなど、なかまがおかれている社会的状況に関する基本的知識も必要である。知っていると見える世界が変わってくる。だから集団づくりは、地域とつながった人権学習、人権総合学習と連携して進めることが必要である。

❺家庭訪問で子どもの事実に近づく

　学生たちの多くは、授業で「家庭訪問が大切」と何度も聞くのだが、自分がそういう家庭訪問をされたことがないからイメージがつかないという。進学のために、早くから地元の公立学校を離れた学生の場合は、年に一度の家庭訪問すら経験のない場合があり、さらに戸惑いを隠せない。そんな読者も想定して、二つの視点で家庭訪問を紹介したい。一つは、自分もやってみたくなるすてきな家庭訪問、もう一つは、対人援助職に求められるアウトリーチの考え方に基づいて家庭訪問をとらえることである。

　まず、自分もやってみたくなるすてきな家庭訪問の事例から紹介しよう。舞台は、ある小学校で起きた「下足箱の靴に押しピンを入れられた事件」である。いじめの指導を求める母親からの強い抗議、いじめの有無に悩むなかで子どもの「うそ」に気づいた先生、「うそ」を重ねてしまう子どもの寂しさ。そんなことが見えてくるなかで、この先生は、表面的な指導にとどまらず、さらに家庭訪問を重ね、母親と子どもの本当の願いを聴き取り、受け止めていく。「事件は現場で起きている」とは、あるテレビドラマの有名なセリフだが、この先生が「子どもの気持ちがポツリとこぼれ落ちる」瞬間に出合えたのは、やはり「現場」に出向いていたからだ。

第4章　生活を通して子どもをつなぐ集団づくり　**119**

ヨウスケせんせいの家庭訪問も素敵だ。小学校高学年のクラス担任だっ
たとき、「子どもの靴に押しピンが入っていた！　学校の指導はどうなっ
ているんですか！」と、Ｂちゃんの母親が強い口調で抗議してきた。ク
ラスの子どもたちや本人に事情を聞いても、釈然としない。翌日も「ま
た、押しピンが入っていた」と、母親の抗議を受けたヨウスケせんせい
は、下校時に下足箱までＢちゃんと一緒に行き、靴に押しピンが入って
いないことを確認して帰した。しかしその日、また母親が抗議しにきた。
ここでせんせいは、押しピンはＢちゃん自身の仕業だと気づく。そして、
母親が自分のために必死になってくれるこの一瞬を、Ｂちゃんは求めて
いるということに気づいた。
　さて、この時点であなたならどうする？　まずＢちゃんを問いつめる
か、事実を母親に伝えるか？　ヨウスケせんせいは、Ｂちゃんを責める
のでも、母親を高みから指導するのでもなく、家庭訪問を重ねた。話し
込むと、母親の子育てに不安定なきもちも見えてきた。幼い妹に、母親
の愛情が独占されているＢちゃんの寂しさも見えてきた。「わたしもお母
さんに気にかけてほしい。ベッドに入っても、心配で寝られないことが
あるねん」ポツリとＢちゃんのきもちがこぼれ落ち、せんせいはそれを
大切に受け止めていった。

（新保、97頁、2007年）

　次に、アウトリーチの考え方に基づいて家庭訪問について考えよう。
「教育は今日行く（きょういく）」という言葉は、今も多くの学校で、家庭
訪問の重要性をあらわす実践知として語り継がれている。家庭訪問もま
た、集団づくりと同じく、これまで学習指導要領等の標準化した文書にお
いて明確に定義されることがなかった。しかし、今、医療や福祉・教育な
ど、対人援助職の援助の在り方として、アウトリーチの考え方の必要性が
重視されており、それは日本の学校教育のなかで家庭訪問として継承され
てきた実践知に重なるところが大きい。
　福祉領域において、アウトリーチとは、地域のなかに専門職が出向いて、
社会的なつながりから孤立して、公的な援助に結びついていない人を発見
し、支援を行うスタイルである。現実には、生活上の問題を抱えながらも、

自ら公的な援助にアクセスしてこない事例は多く、それらは複合的な問題を抱えている場合が多い。窓口で待っていても、本当に支援を求めている人には届かないのだ。だからこそ、支援を求める人が来所してくるのを待つのではなく、福祉領域の支援者は積極的に地域に出かけ、現場に出向いて、当事者に寄り添い、伴走しながらの支援を行うことが必要だ。そして、当事者の生活やそこでの困り感を知ることは、次の支援の方策を考えるうえで欠かせない。子どもの視点から考えたとき、教育と福祉は密接な関係領域にある。本当に支援を求めている子どもの生活の事実に近づくためにも、教員もアウトリーチの考え方を学んで、現場に出向く家庭訪問の意義を理解し、教育と福祉をつなぐ存在となることが必要だ。

3 教師が子どもとつながる

❶「子どもとつながる」から始めよう

　教師になってしばらく、実践報告会に参加してはいつも圧倒されて帰っていた。そこでは、子どもたちが生活を語り合うなかで関係性を深め、互いに高め合っていくという実践が語られていた。すてきだなと思う実践報告には、いつも、子どもたちが自分の生活や学級のなかまのことを綴った文章が掲載されていた。それらは、何かのために特別につくられたものではなく、日常の学級のなかで交わされている班ノートのなかから、子どもの声を学級通信に掲載したものだった。

　しかし、同じように班をつくって、班ノートを回そうとするのだが、いつまでたっても深まる気配がない。夏が過ぎる頃に班ノートが滞り始めると、学級通信も教師のメッセージばかりが空回りし始めるのだった。そんなときに、先輩教師から、実践の鍵となる「家庭学習帳」の存在を教えてもらう機会を得た。そこで、私は、集団づくりの優れた実践の水面下では、まずは、教師が子どもと一対一でつながるという、地道でていねいな日々の取り組みがあったことを学んだ。その先輩教師は次のように教えてくれた。

第4章　生活を通して子どもをつなぐ集団づくり　**121**

集団づくりの基本になるものだから、生活班の編成も、班長会議も、班学習も、班ノートも全部欠かせない。でも、究極の選択があったら、私は家庭学習帳を選ぶ。家庭学習帳とは、子どもに１冊のノートを渡して、毎日家庭学習することを習慣づけると同時に、空いたスペースに日記を書くことを促すものだ。これを日常的に交換することで、教師が子ども一人ひとりとつながることができる仕組みになっている。実は私は、教師になっても、最初の頃、どうしても子どもが好きになれなかった。野生の猿をみているようで、距離を感じていたと思う。ところが、家庭学習帳をはじめて、子どものノートを見ていると、子ども一人ひとりが見えてきた。授業中ええかげんしてる子もこんなことを考えてたのかと気づくこともあった。おとなしくしている子の意外な一面を知ることもあった。それまで、自分が表面的な理解しかしていなかったことに気づかされた。そして、一人ひとりの子どもが見えてきたら、不思議なことに、なんともいえず愛おしくなってくるのだ。憎たらしいことを言われても大丈夫。好きになったら、こっちのもんやなと分かった。でも、全員と一対一でやるものだから、頑張りすぎると息切れしてしまうから、無理しない事が大切だ。自分のペースで、やり方はいろいろと工夫できるから。

　教師は魔法使いではない。40人の子どもの一人ひとりが、毎日、何に喜び、何に怒りを感じ、何に悩んでいるのか、そのすべてを把握することは至難の業である。教師には見えていない子どもの事実は実に多いのだ、ということを自覚したうえで取り組む必要がある。子どもは、家庭での生活においても、学校での生活においても、毎日、その子なりの生活の物語を紡いで生きている。そして、学級は、子どもたちの物語が紡ぐ糸が交差する場所だ。人の物語の糸というものは、うまく編み込んでいけば、縦横無尽に広がり包み込む包容力をもつ。しかし、往々にして、その糸は切れ切れになったり、もつれて混線したりするものだ。集団とは、もともとそこにあるものではない。あるのは、一人ひとりの子どもとそのつながりの関係性総体である。だからこそ、私たちは、まず一本の糸とつながること

からていねいに始めることを大切にしたい。例えば、「家庭学習帳」という ツールを用いて、一人ひとりの子どもとつながる回路（チャンネル）を ひらいておくことの必要性はそこにある。

「生活を通して子どもがつながる集団」をめざすには、次の三つの段階 を意識して集団づくりを進めることが必要だ。第一段階は教師が子どもと つながること、第二段階は教師が子どもと子どもをつなぐこと、そして第 三段階は子どもが子どもとつながること、言い換えれば、そのための環境 設定を教師がつくることである。詳しくは各節で紹介するが、第3節「教 師がこどもとつながる」では第一段階について、第5節「子どもをつなぐ、 子どもがつながる」では第二段階と第三段階について扱うこととする。

❷子どもとつながる回路（チャンネル）をひらく

コミュニケーションの手段として、話し言葉と書き言葉の二つのツール はそれぞれに力をもっている。話し言葉には、他者との対話のなかで自己 洞察が深まったり、他者からのリアルなフィードバックがその場で新しい 気づきを生み出すダイナミックな力がある。一方、書き言葉には、文字に よって自己を対象化して洞察を深める力、また、文字ならではの時間と空 間を越えて作用する力、つまり、文字には読み返すことができたり、他者 に手紙として届けたりする力がある。この二つの力の相互作用は、子ども と子どもをつなぐ集団づくりに大きな役割を果たす。ここでは、集団づく りのツールとして書き言葉である文字の力について述べる。

文字は書き手に自分を見つめさせる力をもっている。文字にするために は、自分の気持ちや考えに気づくこと、そして、それを言語化するという 作業が必要である。言語化するときに、それが自分の気持ちにピッタリき たと思う場合もあれば、うまく表現できない場合もある。また、意図的に 本当の気持ちを隠したり、ごまかしてウソを書き並べることもある。何も 書けずに白紙のままで終わることもある。しかし、書いた子どもは自分の 書いた文字を読み返しながら、書けなかった子どもは書かなかったノート の余白を眺めながら、自分を見つめることになる。

次に、文字は、繰り返して読むことができる再現性の力がある。それは、今日の自分、昨日の自分、その時々の自分を振り返ることのできる大切な記録だ。そのとき気づかなかったことも、改めて読んでみると新たな発見をすることもある。友だちや先生からもらったメッセージは、ほんの短いものであっても読み返すと心があたたまるものだ。話し言葉にはない力が文字にはある。

　そして、文字には人と人をつなぐ力がある。文字となった言葉たちは、家庭学習帳やあのね帳など、さまざまな回路を通って、人と人をつないでくれる。そこにいる人にも、そこにいない人にも、文字となった言葉たちは、思いを届けてくれる。谷川俊太郎の詩に「手紙でしか言えないことがある」という一節がある。話し言葉では、照れくさくて、自信がなくて、または少し怖くて言えないことも、文字にすることで相手に伝えやすくなることがある。だからこそ、学級のすべての子どもと、日常的につながる書き言葉の回路をひらいてほしいと考えるのである。

　さて、書き言葉を用いた回路として、家庭学習帳やあのね帳の他にも、生活ノート、班ノート、生活綴り方、振り返りノートなど、さまざまな名称のツールがある。それぞれ目的や子どもの発達段階によって選択すればよいが、それを「学校で書く」のか、「家で書く」のかという問題について、少し述べておきたい。小学校では、自分の気持ちや考え、生活を振り返るために振り返りノートを学校で書かせることも有効だろう。また、生活綴り方のように、家で書いてきた日記を学校で改めて読み返し、先生との対話のなかで、そのときの情景をていねいに振り返りながら、自分の気持ちを事実に基づいて推敲していくことも有効である。

　しかし、一方で、思春期の子どもは、教室のように周囲に友だちがいるなかでは、なかなか本当の気持ちを書くことができない。それは思春期の子どもの心情として察するところがある。そこで、家で書いてくるという仕掛けのある家庭学習帳のような回路が、子どもの気持ちを引き出すツールとして力を発揮する。

❸家庭学習帳のススメ

　家庭学習帳のねらいは、1冊のノートを介して、子どもが家庭での学習習慣をつけることと同時に、交換日記として教師と子どもの間をつなぐことだ。対象は、思春期以降の子どもたちを想定している。思春期の子どもにとって、プライベートなことを、日を決めて宿題のように書くことはハードルが高く、拒否的な感情が先に立つのも理解できる。しかし、家庭学習とセットにすることによって、そのハードルがぐっと下がるのだ。しかも、家庭での学習は、そのまま、子どもの生活を映し出す鏡である。

　「日記指導はがっかりするところからはじまるものである」（蔵本穂積）という言葉を座右の銘にして、教師が求めるようなものを子どもが書いてくることなど期待しないことだ。家庭学習帳のページをめくりながら、子どもの手書きの文字を見ては、筆圧や書きぶりにも少し興味をもちつつ、ちょっとでもていねいに書いていたら、「すごい！　すごい！」と赤ペンを走らせたりする、そんなことがまずは毎日の日課だ。そして、その子がノートを、いつ、どこで、どんなふうに開いたのかな、一人だったのかな、横には誰かいたのかな、など、想像しながら読むのだ。ノートについたシミらしきものも、ラーメンのお汁かな、などと想像すれば、子どもとつながるおいしいネタになる。家庭学習帳は、子どもの毎日の生活での学びの様子を、あたたかく見守るものでありたい。

　さて、具体的な方法を紹介しておこう。4月クラス開きで、班には1冊の班ノートを、子ども一人ひとりには、家庭学習帳となる大学ノートを1冊配付する。最初の1冊目には、例えばこんなお約束の紙を貼っておく。

家庭学習帳のお約束

＊今日から家庭学習帳をはじめます。クラスの中には机に向かうのが大の苦手な人も、忘れ物の帝王みたいな人もいます。でも、毎日お家で机に向かう……ただそれだけのことを、こつこつと続けてほしいので

す。一年後に、クラス全員で何冊積み上げられるか楽しみです。

＊勉強の方法は、英単語を練習して暗記する、数学の計算練習を繰り返す等、いろいろあります。1日1ページ以上は頑張ってくださいね。3日続けて忘れてしまった人は、一緒に放課後勉強しましょう。

＊家庭学習が終わった時、日記を書いてくれるとうれしいです。うれしかったこと、悲しかったこと、友だちのこと、おうちのこと、クラスのこと、つまり、先生は、あなたのことを知りたいのです。

＊日記にはかならず先生がお返事を書きます。時々、愛情てんこもりの返事を書くから、楽しみにしてください。

＊日記に書いてあったことは先生のヒミツの袋にしまっておきます。他の人には知らせません。安心してください。

＊ノートの隅っこに、「今、11時26分！　がんばるぞ！」とか「はぁー、終わった！　ねるぞー！」なんて書いてあると、それだけでうれしくなります。日記が苦手な人も、ちょっと何か書いてみてください。

　こうして家庭学習帳が始まるのだが、改めて、子どもとつながるツールとしての魅力を3点にまとめておこう。

　まず第一に、家庭学習帳には、心地よい距離感がある。人と人のコミュニケーションの際に、パーソナルスペースという考え方がある。コミュニケーションをとる相手が自分に近づくことを許せる、自分の周囲の空間（心理的な縄張り）をさす。人は相手に応じて、その距離感を使い分けるように学習していくのだが、思春期の子どもはその学習途上にある。

　家庭学習帳は家庭学習を基本にしているので、日記を書くことは強制ではない。日記を書いてくれると「先生はうれしいな」というスタンスである。「書かない」ということは指導の対象ではなく、むしろ、日記を書くと先生が喜んでいるというおまけの感覚なのだ。しかし、面白いもので、この自然体の距離感が、思春期の子どもにはちょうどよい。その日の学級での出来事を実況中継のように書いてくる子どももいる。また、最初に、「センセイ、私は自分が好きになれないんだけど、それでもいいですか」と書いてくる子もいる。宣戦布告のようなメッセージだが、そんなご挨拶

もいい。そんな学級の日常を繰り返していると、ある日、何も書いてこなかった子が突然、書くこともある。

第二に、家庭学習帳の目的は、「家庭学習」なのだから全員必須ということだ。だから、少し気になる子どもに、こちらから仕掛けるチャンスが毎日ある。例えば、「3回忘れたら放課後学習しましょう！」というのが初めのお約束だが、放課後学習も参加せずに帰ってしまったら、「家庭学習帳」という忘れ物を届けに「ちょっと家庭訪問」をするネタになる。家庭学習帳のことで「叱る」指導はなじまない。忘れ物のお届けなのだから、子どもに1ページ分の教材を渡して、その場で補習させればよいのだ。そしてついでに、子どもの横で、保護者の方とよもやま話をする良い時間になる。

ところで、書かない子は書かない。けれども、例えば、数学の計算式ばかり書いているページの隅に、たまに、こちらから、赤ペンで愛のメッセージを書き落としたりする。すると、家庭学習帳を返却したときに、やっぱり、子どもはノートを開いて見ているのである。ほんの少しでも、教師が書いたメッセージが読みたくて。

第三に、家庭学習帳に書く赤ペンは、時には、心の扉をノックすることもあるということだ。誰しも人に言いたくないこと、知られたくないことがあるものだ。しかし、それは同時に「言いたくないことは、本当は言いたいこと」でもあり、「知られたくないことは、本当は知ってほしいこと」でもある。心の扉の外側にノブはない。外からこじ開けることはできないのだ。周囲に良い聴き手がいる環境をつくることによって、それは内側からひらかれるものだ。だから、機会があるごとに、「今は言えなくてもいいんだよ」というメッセージを、「そして、話したいときが来たら、いつでも声をかけてね。あなたの話を聴きたいと思っているから」というメッセージを届ける。子どもが、扉の向こうから葛藤をかかえたまま、扉をひらこうかと逡巡しているときもある。そんな扉の向こうを想像しながら、時に心の扉をノックしてみることもある。そんな赤ペンが扉の向こうの子どもの心にヒットしたときには、ガッツポーズが出るものだ。

第4章　生活を通して子どもをつなぐ集団づくり　**127**

さて、家庭学習帳に書いたことは、原則として「先生の秘密の袋」に入れておくことにしている。先生に聴いてもらうことで、安心感を得る子どももいるだろう、安心安全な場で書き綴りながら自分の整理をする子どももいるだろう。そして、他の誰かに聴いてもらいたいときには、その場を設定することもできるし、それをクラスのみんなに知ってもらいたいときは、「班ノート」に書いて学級通信に掲載してもらうこともできるのだ。これは、第4節「自己開示とカミングアウト」で詳しく説明する。

　小学校での日記指導や、班ノートを用いず家庭学習帳等の一対一ツールのみを使用する場合には、「誰にも言わないでマーク」を活用することをオススメする。最初のお約束で、「誰にも言わないでマーク」を付けたら、そこは、先生の秘密の袋に入れておくことにする。だから、みんなの前で読むことはないし、学級通信にも載せない。マークの付いてない部分を読み合わせたり、学級通信に載せたりする、そういうお約束である。しかし、この「誰にも言わないでマーク」は、「今は誰にも言わないでマーク」であったり、時には「本当は聞いてほしいマーク」であることもある。いや、大抵の場合は、「本当は聞いてほしいマーク」なのだが、安心して聞いてもらえる条件が整っていると思えないから、「誰にも言わないでマーク」のままでいるのだ。しかし、そのうち、学級集団の成熟とともに、だんだんと、「誰にも言わないでマーク」が減っていくときが来る。「なぜかわからないが言いたくなった」というときが来るのである。このように「誰にも言わないでマーク」は、学級集団の成熟度をはかる指標でもある。

　家庭学習帳の事例を二つ紹介しよう。

　一つは、家庭学習帳なのに、ちっとも家庭学習をしてこない子どもの話である。ちなみに、この子は授業中も勉強しない。授業が始まると歌い出すのだ。完全なる授業妨害である。ところが、家庭学習帳を出さないわけではない。勉強が苦手なら、好きな歌手の歌でもよいから、書き写しておいでというと、私の知らない歌詞を毎回書いてくるのだ。「ふむふむ、いい歌ね」などと相づちをうつように赤ペンを走らせていると、あるとき、歌詞の意味を書いてきた。それは、その歌手が母親のことを思って書いた

128

ものだという。そうなのだ。授業中に大声で歌っていたのは、今は亡き母親への届かない思いだったのだ。そんなことを知るようになると、授業中に歌い始めるその子を見る私の眼差しも変化したものだ。しばらくの間延々と続いた歌詞の書き写しが終わると、次は、母親の病の進行とそのときの家族におきた葛藤と日常生活の様子が、まるで映画のワンシーンを見るかのように、リアルに綴られてくるようになった。どこかで誰かに語るときを待っていたかのように。

　もう一人は、家庭学習帳をとても熱心に取り組んで、試験前になると毎日10頁も20頁もやってきた子どもの話である。特別に日記を書いてくるような子でもなかった。しかし、あるとき私のほうから、「試験前には、勉強を終えたら、『やったー！！　○○ページできた！！』とか、『今、何時！！』とか、隅っこに書いてくれたら、うれしいな」と伝えたところ、勉強終わりの時間を書いてきたりはしていた。そこでまた「すごい！　すごい！」と赤ペンを走らせた。そんなある日、少し長めのメッセージが書かれていた。「今、12時過ぎた。カラオケ終わって、おっちゃんたちが帰るところ。窓をあけて、『おっちゃん、また来てなー』と言ったら、『おーー』と手を振ってくれた。もう少しがんばる」。このおうちは、母親が自宅の一階でスナックをしていた。二階で勉強をしながら、この子はそんな母親の仕事を見ているのである。ちょっと近所まできたからと家庭訪問をして、母親にこの話をすると、「お客さんが増えたら、おかあさんが喜ぶからと、よく二階から手を振ってくれるんですよ」とうれしそうに語ってくれた。家庭での学習というものが、子どもの生活と密接につながっていることを再確認するものだった。

　全員分のノートを見るなんて無理ではないかと思っていたが、それは「やり方の工夫がある」という先輩先生の知恵を拝借することにした。先輩先生は、「毎日」にこだわるよりも、続けることが大切だというのだ。また、赤ペンの返事は、基本、カウンセリングの極意と同じく、「は・ひ・ふ・へ・ほ」の活用術が秘訣だという。「はぁー！」「ひゃー！」「ふむふむ…」「へ〜」「ほー、なるほど！」「ほんで？」と、行間に相づちをうつ

第4章　生活を通して子どもをつなぐ集団づくり　**129**

ように入れていくのである。もちろん、たまに、赤ペンでびっしりと返事をお返しすることもある。そこは、何事もメリハリを付けることが肝要だ。「子どもの変化にアンテナを張って、SOS をキャッチする」とよく言われるが、これほど、日常的にクラスの子どもたちと教師の間を循環する回路があるだろうか。子どもの変化に敏感でいるための極上のアンテナだ。

❹振り返りノートのススメ

　小学校では、自分の気持ちや生活を振り返り、それを言葉にして表現するために、ていねいな「日記指導」が行われてきた。例えば、「先生あのね帳」などのように小さな日記帳をもたせることもある。また、一日の生活のなかで自分のなかに生まれたさまざまな気持ちに気づいて、その日の経験したことの事実や思いを言葉に置き換える力をつけるために、感情のポスターを用いた「きもちダイアリー」などの方法を用いることもある。いずれも、一日の終わりに、毎日の振り返りを、学校のなかで完結する形で取り組むためのものである。ここでは、「振り返りノート」の取り組みを集団づくりのシステムに活かした実践を紹介しよう。

　集団づくりにおいて、朝の会や終わりの会にどのような目的・役割をもたせるか、その方針は重要である。限られた時間を有効に活用して、子どもの気持ち、子どもの意見、そして子どもの力を引き出すことが必要だ。ここで紹介する取り組みは、子どもの振り返りノートを活かして、月曜日から金曜日の5日間の終わりの会を、計画的に運営しているものである。

　まず、火曜日、水曜日、木曜日の3日間は、日直の司会で進行し、気になったこと、うれしかったこと、頑張ったことなどについて子どもたちがペアや班のなかで対話する。話し言葉を用いた振り返りだ。金曜日には、終わりの会をいつもより10分間長く時間を確保して、子どもたち一人ひとりが一週間を振り返って、書き言葉で振り返りノートを書く。そして放課後には、各クラスの担任が子どもたちの振り返りノートを読みながら、子どもに関する情報交流を行い、次の週に解決すべき各クラス・各班の課題を整理するのだ。翌週の月曜日には、また終わりの会を10分間長く時

間を確保する。先生からの振り返りノートのまとめをふまえて、各班ごとに班長を中心に班会議を行い、また、放課後には先生も含めて、学級代表を中心に班長会議をひらき、学級や班の課題について話し合う時間をとる。

このように、振り返りノートは、子どもたち自身が、自分の一日、自分の一週間を振り返り、成果と課題を確認することができる。また、それを班会議や班長会議に反映させることにより、自ら状況を改善していく力を養うことができる。生活のなかで、自らを内省する力や問題を発見し、問題を解決する力を育むことができるのである。

❺書かない子ども

文字には力がある。しかし、生活のなかで起きた出来事や感情を言語化して書き言葉として表現することは、子どもにとって簡単なことではない。文章を書くことが苦手な子にとって、「思ったとおりに書きなさい」「自由に書きなさい」と指示されることは苦行である。生活背景の厳しい子どもたちには、自らの生活課題を見つめて理解し、解決するために言語化し、他者に伝えるという一連の力を育むことが必要だ。そのために、同和教育実践の歴史のなかでは、生活綴り方という教育技法が用いられてきた。

生活綴り方では、文章を書くことへの抵抗をなくすために、「あったことを起きた順番に書く」という方法を取り入れてきた。これを展開的過去形という。また、テーマや視点を教室に貼り出して、自分たちの暮らしのなかにこそ、大切な題材があることに気づかせる取り組みを実践してきた。生活綴り方における「見たこと、聞いたこと、嗅いだこと、さわったこと、感じたこと、したことを大事にしなさい、それを忘れずに思い出して、ありのままに描きなさい」という指導は、既成概念にとらわれず、自分たちの生活のなかにこそ物事の真実があり、価値があるのだということを子どもたちに発見させようとする信念に基づいている。この書き方を習得した子どもは、次に自分の暮らしのなかから題材を自ら発見するようになる。

最初は、子どもが書いてきたものを読んでも、子どもが何を伝えたいのかよくわからないときもある。子どもが書いたものを真ん中にして、子ど

第4章 生活を通して子どもをつなぐ集団づくり **131**

もが伝えたかったことを確かめ、それを「伝わる表現」へと鍛えていく。「面白かった」と書くのではなく「面白かった事実」を書くことを、「悲しかった」と書くのでなく「悲しかった事実」を書くことを教えていく。そうしてできた綴り方は、教室で読んだり、一枚文集にしてクラスのなかまと共有する。こうして、子どもたちはなかまが、学校や家庭・地域のなかで、どんな生活をしているのか、何を経験しているのかを知る。他のなかまの綴り方を読むことで、自分自身の生活を振り返り、重ね、共感したり、違いを感じたりするのだ。

　忘れてはならないことは、「書かない子ども」「話さない子ども」はいるかもしれないが、「書くべきものをもたない子ども」「話すべきことをもたない子ども」はいないということだ。あの手この手で、多様なチャンネルをひらき、子どもとつながる回路を見つけていきたい。

4 ｜ 自己開示とカミングアウト

❶個人情報とプライバシー

　「学級通信に子どもの作文を載せていいんだろうか」「子どもの家庭のことに踏み込んでいいんだろうか」など、子どもたちが生活を綴り、語る取り組みを進めようとすると、このような不安の声がでてくる。これらの背景には、「個人情報保護」と「プライバシー」に関する誤解と混乱がある。1970年代まで、プライバシー権とは「私生活に踏み込まれない権利」「私生活をみだりに公開されない権利」とされていた。この考え方は、マスコミなどの報道機関が私生活を暴露することに対抗するために生まれたものであった。そのため、ここでは問題は「どこまで踏み込むとプライバシーの侵害になるのか」という点にあった。この考え方に基づくと、子どもの家族関係について聞くことはプライバシーの侵害になるのか、子どもの書いたものを学級通信に掲載するとプライバシーの侵害になるのか、という方向の消極的な問題設定になるのである。

132

しかし、情報化社会の進展のなかで、すでに「私生活に踏み込まれない権利」としてのプライバシー権の定義は意味を失っている。1980年にはOECDがプライバシー8原則を提唱し、現在、プライバシー権は、「自己の情報をコントロールする権利」と定義されるようになった。これは、自分についての情報を保有しているものに対して、自分で判断して、情報の開示をしたり、または訂正や削除を求める権利のことだ。インターネットが発達するなかで、自ら自分の情報を公開することでネットワークを広げていくことも積極的な権利である。また一方、他者が保有してる自分に関する情報について、保有の可否や公開・非公開の範囲などを求める権利も行使する必要が生まれてきている。

すでに、フェイスブック、Twitter、インスタグラムなど、SNSの種類によって、個人情報の公開・非公開を選択して有効に活用することが、現在のコミュニケーション・ツールの基本技能として求められている。学生たちのなかには、すでに現実社会で出会う人とつながるためのリアルなアカウントと、趣味やテーマごとに匿名で作成するサブアカウントをもち、使い分けているものも多いはずだ。

こうしたなかで、今、子どもが生活を綴り語る取り組みについても、自分の情報を、どのような場面で、誰に、どこまで開示するのか、またはしないのかを判断し、行動していく力を育むプロセスとして積極的にとらえる必要がある。家庭学習帳や日記、振り返りノートなどに書いたことのなかで、学級のなかで、何を公開・非公開にするかを判断し、自ら選択して他者に伝える行為を行うという、これらの取り組みは、実に実践的な「自分の情報をコントロールする権利」の学習といえる。後に述べるように、カミングアウトは他者から強制されるものではないが、自らの判断で、自分の情報を公開することで、なかまとつながり、自分の世界を広げることができる力を培う積極的な営みなのである。

❷自己開示とフィードバック

自分に関する情報を、相手に伝えることを自己開示と呼ぶ。最初は表面

的な自己開示から、親密度が増すにつれて、より深い自己開示へと変化していく。また、相手から自己開示をされると、自分は信頼されていると理解するため、自己開示した相手に対し好意をもち、自分も相手に対して自己開示を行うようになる。こうした人間関係の相互作用を図にあらわしたものが、次頁のジョハリの窓（図2）である。たった1枚の絵や短いエピソードが、文章では説明しきれないことを端的にあらわしてくれることがあるが、「ジョハリの窓」にもその力がある。この図式では、横軸に自分を取り、「自分は知っている―知らない」の2領域に、縦軸に他人を取り、「他人は知っている―知らない」の2領域に区分することで、自分が他人とかかわっているときの状態を4つの領域に分けたマトリクスであらわすことができる（参考：津村・山口編、62〜65頁、2005年）。

　「開放された領域」（Open self）は、自分で自分のことがわかっているし、他人からもよく知ってもらっている領域なので、ここが広いと相互に安心できる開放的な関係があることを示している。「気づいていない領域」（Blind self）は、自分ではわかっていないのだが、他人から見るとよく見えている領域のことだ。そして、「隠している領域」（Hidden self）は、自分ではわかっているのだが、他人には知られていない領域のことである。この領域には、他人に知られたくないことや触れられたくないことなどが隠されることになる。「未知の領域」（Unknown self）は、私にも他人にもわかっていない私の領域のことだが、埋もれた過去の経験や気づいていない力が潜んでいると考えられる。

　さて、私たちは、この4つの領域を通して他者と人間関係を形成していくのだが、この「ジョハリの窓」の図式は、各領域に起こる変化を動的にとらえ、私たちの人間関係の変革のプロセスを説明してくれる。その変革のプロセスで重要なのが、自己開示とフィードバックの働きである（図3）。この図において、自己開示は、自分にわかっているが、相手には隠している部分の情報を相手に伝えることであり、2人の間で「隠された領域」が小さくなると同時に、「開放された領域」が広がることを意味する（矢印⬇）。また、フィードバックは、私にはわかっていない部分を他の人から教えて

もらうことであり、「開放された領域」が広がることを意味する（矢印➡）。このプロセスは、教師と子どもの間にも、子どもと子どもの間にも同様に起こっている。学級における集団形成は、二者間の自己開示とフィードバックの相互作用が、学級集団のなかで生起しているものである。学級開きに始まり、日常の家庭学習帳、日記指導、振り返りノートなどの取り組み、ペア学習や班学習での協同的な学び、自主的な活動など、1年間の集団づくりのプロセスもそうである。

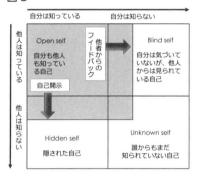

しかし、この図を見るときに忘れてはならないのは、その個人の属性が、社会的な差別や偏見という外的な圧力によって、隠さざるをえない状況におかれている場合、それは本人の意思や意欲とは関係なく、自己開示をすることが困難な状況におかれるということだ。この視点から、マイノリティにとってのアイデンティティと自己開示について、あらたな視点を与えてくれたのが「カミングアウト」という概念である。

❸つながるためのカミングアウト

　自分自身に関する情報を、相手に伝えることを自己開示と呼ぶのだから、カミングアウトも一つの自己開示といえる。しかし、自己開示という概念は、開示する情報のなかには、差別や偏見により不利益を被るかもしれない社会的背景を伴う場合があることが想定されていない。それに対してカミングアウトには、その概念誕生の歴史的背景に重要な意味がある。

　1980年代から、LGBTQ（当初は、同性愛者などセクシュアル・マイノリ

ティ）の問題を通して、「カミングアウト」という概念が使われるようになった。カミングアウトとは、Coming out of the closet、つまり、社会の差別や偏見により押し入れに押し込められるように、自分のなかのある領域を隠していたが、今、その押し入れから外にでて、その領域の情報を個人や組織、社会全体などに伝えることを意味している。

カミングアウトには幾つかの段階があるが、社会的行動としてLGBTQ当事者が始めたカミングアウトは、「自分のような存在はこの世でたった一人なんじゃないか」と息を潜めていたなかまを勇気づけ、エンパワメントする運動でもあった。それは周囲の差別意識のなかで「押し入れ」に追い込まれていた当事者が、同じ立場のなかまに出会い、「多数者のフリをしていた自分」から、「ありのままの自分」として生きていく選択をしていくプロセスであった。この概念の登場により、「目に見える（visible）」人種・民族的差別の問題が中心であった欧米において、「目に見えない（invisible）」被差別の立場におかれている者の「自己開示」の在り方について議論が進んだという。

日本においても、「目に見えない」被差別の立場として部落の子どもたちや在日韓国・朝鮮人の子どもたちに、立場宣言や本名宣言という形で、自らの社会的立場の自覚を促し、アイデンティティに誇りをもって生きていくことをめざした教育実践が展開されていた。しかし、「カミングアウト」という概念に出合うことによって、実践上の留意点について多く学ぶことがあった。以下、「自己の情報をコントロールする権利」の視点をもとに、実践上の留意点として、カミングアウトには３つのレベルがあることを理解しておきたい。

まず、第一段階は、たった一人でもいいから、この人なら自分のことをわかってくれる人に伝えるものである。これは結果として、安全な居場所を確保することにつながる。よって、この段階では、わかってくれそうな人から、一人ずつ、時間や、場所や、相手の状態なども考えながら、アプローチしていくことになる。相手が問題に関する基本的な知識を学んでいるか否かによって、このカミングアウトにかけるエネルギーは大きく異なる。「無関心」はもちろんだが、「無知」というものも、当事者のつながろ

うとする気持ち（カミングアウト）の大きな障壁になる。また、個別人権課題に関する知識の有無にかかわらず、多様性に対する理解があるかないかで、カミングアウトのあとのかかわり方も大きく異なるものだ。

次に、第二段階は、このなかまたちには、わかってもらえる、わかってもらいたいと思うとき、ありのままの自分のことを伝えようとするものである。よって、この段階では、学級やサークルの友だちにカミングアウトするところから始めることが多い。全員が理解してくれるかどうかはわからない。少しリスクもある。しかし、理解してくれるなかまが増えれば、学級やサークルが、自分にとって安心して過ごせる場所になっていく。つまるところ、カミングアウトの正否は、周囲の環境が決め手になる。学級における集団づくりでは、第一段階と第二段階のプロセスが必要だ。人権教育の土台としての集団づくりの重要性はそこにある。

第三段階は、研修や講演会で話したり、啓発活動を行うなど、自分の経験を広く伝えることによって、問題を知ってもらうことを目的とするものである。自分のおかれている社会的立場やそこにかかる問題を広く知ってもらうために、自分の経験を語るという機会を設ける場合がある。例えば、今、大学において、LGBTQ当事者とALLY（アライ＝支援者）の学生がともに自分の経験を語ることで、学内の人権意識を高め、名簿の性別欄やトイレの設置方法など、大学の環境改善を進める事例が見られるが、これらも第三段階のカミングアウトの成果といえる。

以上、カミングアウトについて、目的や対象に基づいて段階ごとに説明した。これらの視点から考えると、その目的に必要のないことを、必要のない対象者に伝えることを無理強いする人がいたら、それを拒否する力も育てる必要があることがわかるだろう。

カミングアウトについては、「するもしないも個人の自由」「したい人はすればいい」「したくなかったら、しなければいい」という意見を聞くことがある。しかし、果たしてカミングアウトは、個人の自己選択・自己決定という基準で判断してよいものだろうか。先に述べたように、カミングアウトは、「押し入れのなかに押し込み」「見えない状態にしようとする」

第4章 生活を通して子どもをつなぐ集団づくり **137**

社会の差別や偏見があるからこそ、被差別当事者が、自分のアイデンティティを取り戻し、可視化するためにつくりあげてきた概念である。被差別当事者の自己選択・自己決定を抑圧してきたのは、むしろ、周囲の者だ。問題は、被差別当事者が言いづらい雰囲気・環境をつくってしまっていないか、そこにある。わざわざカミングアウトしなくてもよい環境とは、多様な属性が当たり前に承認される社会であろう。しかし、それは、カミングアウトしやすい環境づくりを通してこそ、実現していくものである。

　ここで、マイノリティの立場にある者にとっての「カミングアウト」の在り方について述べたい。カミングアウトをすることが高く価値づけられることがある。しかし、自分の立場を公開できるか否かは、個人の強さの問題ではない。むしろ、その人の周囲の環境によって、それはできたり、できなかったりするものだ。また、人が、どの場面で、どの属性を公開するか否かも、その時々で異なるものである。そのことを理解したうえで、マイノリティの立場から、「カミングアウト」とうまく付き合っていく知恵のようなものが経験知として蓄積されているので紹介したい。

　アフリカ系アメリカ人でゲイ男性であるローレンさんは、現在日本に在住して活動しているが、アフリカ系として「目に見える」被差別の立場にあった経験と、ゲイとして「見えない差別」について葛藤してきた経験をふまえて、マイノリティの立場から、社会との付き合い方を、「サイレンス」「シグナル」「ノイズ」の3つの視点を意識して考えていくことを提案している（以下、インタビュー記事からの抜粋）。

　セクシュアリティは隠せるものだけど、人種は隠せない。その経験があったから、「自分のアイデンティティが他人から好かれるものなのかを考える」よりも「自分のために自分らしく生きる」方が大事だということに、早くから気づくことができていたのだと思います。だからゲイについてカミングアウトすることができた。（中略）でも23歳の僕は若かったので、自分のセクシュアリティのことを言うならみんなに言いたかった。誰かには言うけど別の誰かに言わないということが難しかったんです。私

は、社会との付き合い方は大きく3つに分けられると思っています。それが、サイレンス（silence）、シグナル（signal）、ノイズ（noise）です。

　サイレンスは文字通り何も言わない状態。シグナルは例えば「奥さんと一緒にパーティに来ますか？」と聞かれたときに「行きますよ、○○（男性の名前）と一緒に」と答えるなど、会話の中で自然にほのめかしていくこと。ノイズは変化を起こすために平等を明示的に要求するようなことを意味します。特に若い人たちには、LGBTに限らず、自分のアイデンティティや考えていることを社会と調整する必要が出てきたときには、この3つの区別を意識してみてほしいと思っています。（中略）もちろんそれぞれの個人の素質は違います。できることとできないことがある。ただ多様なセクシュアリティがあるということを人々に理解してもらうためには、何らかの形で考えさせる、対話を引き起こすことが必要です。

　（「移民でゲイであるという経験から見えるもの。少数派内部の壁はいらない。同じを見つけて対話を」松岡宗嗣、難民支援協会　ウェブマガジン『ニッポン複雑紀行』。https://www.refugee.or.jp/fukuzatsu/soshimatsuoka01）

　あるときは「シグナル」の視点で行動し周囲の人たちへの気づきを促し、あるときはこの社会を変革するために「ノイズ」を発信し、変革のための対話の場をひらいていく。もちろん場面によっては「サイレンス」を選択することも必要だ。マイノリティの子どもたちが、ありのままの自分を大切にしてこの社会のなかで生きていくために、個人情報に関して、このように主体的で戦略的な考え方があることを伝えたい。

❹カミングアウトを受けるとき

　最後に「カミングアウト」を受ける立場から考えてみたい。近年、特に「友だちからカミングアウトを受けたけれど、どうしたらいいのかわからなくてスルーしてしまった。あのとき、自分はどうすればよかったのだろう」という声を聞く。一方、友だちにカミングアウトをしたマイノリティ当事者の学生たちは、「しっかり聴いてくれてうれしかった」「いつもと変わらず友だちでいてくれてホッとした」という気持ちと同時に、「でも、

その後、何もふれられないと、勇気をだして伝えたことがなかったことにされるみたいだ」という声を聞くことも多い。

　人間と人間のかかわりに、ただ一つの正解はない。だから、カミングアウトをすることについても、カミングアウトを受けることについても、マニュアルのようなものを期待すべきではないだろう。しかし、これまでの多くの成功体験や失敗体験から蓄積された経験知は、ぜひここで共有しておきたい。LGBTQ 当事者の学生たちの声を集めて作成した本がある。そこでは下記のとおり、学生たちの経験知を集めて「カミングアウトを受けるときの 6 か条」を提案している。さらに、カミングアウトについて学生たちの経験談が数多く紹介されており、これを読むことによって、正解が一つではないことも学ぶことができる（薬師他、100 ～ 103 頁、2014 年）。

　①最後まできちんと話を聞く
　②セクシュアリティを決めつけない
　③「話してくれてありがとう」を伝える
　④「どうして伝えてくれたのか」「何に困っているのか」を聞く
　⑤「誰に話しているのか」「誰に話してもいいか」を確認する
　⑥つながれるための情報を伝える、つながる

　この本は LGBT を標題としているが、「LGBT の子どもにとって居心地がいい環境は、他のどんな子どもにとっても居心地のいい環境」だというコンセプトで作成されている。人権教育の基盤となる環境としての集団づくりを進めるうえで、自己開示とカミングアウトについてぜひ理解を深めてもらいたい。

5 子どもをつなぐ、子どもがつながる

❶子どもをつなぐ道具箱

　教師は職人（craftsman）と専門家（professional）の二つの性格を併せもっているという。ここでは、学級担任を学級集団形成の専門的な職人と位置

づけて話を進めたい。優れた職人は、自分の道具を大切にする。常に道具の手入れに気を遣い、整理整頓して道具箱に収めるため、なかをひとめ見るだけでその職人の気質と仕事ぶりがわかるのだ。学級担任として集団形成を担う教師も、子どもと子どもをつなぐための道具を整理して、「子どもをつなぐ道具箱」に収めてみてはどうだろうか。自分の道具の手入れをし、収納の場所決めをしながら「道具箱」をつくるのだ。そのプロセスを通して、学級集団づくりの方法を整理し、集団の在り方について自分の考えを振り返ることにもなる。また、各自の集団づくりの方法を可視化することにより、学年・学校全体で共有することができる。

　ここでは、「子どもをつなぐ道具箱」のなかに入れるべき必須アイテムとして、第一に年度当初から意図的に対話の活動を取り入れ、良質なコミュニケーション環境を醸成すること、第二に学級通信を発行したり日記を読み合うことにより、子どもの事実や思いを共有すること、第三に学校の教育活動のなかで遊びを組織すること、以上の3点を紹介しておきたい。

　第一に、年度当初から、人間関係づくりの活動や学習の場面において、意図的に対話を取り入れることである。集団形成は、はじめが肝心である。4月初旬、学級開きをした頃には、まだ子どもたちは群れの状態のままである。教室に知らない人がたくさんいるなかで、子どもたちは緊張関係にある。だからこそ、集団づくりの方針を明確にもち、年度当初に、子どもたちがたくさん知り合う活動や一緒にいて楽しいと感じる活動を重ねることが必要だ。先入観や偏見が入り込みやすいこの時期だからこそ、その前に、相互に知り合う活動を取り入れて、一人ひとりの事実に気づくことのできるように仕掛けるのである。さらに、1学期の間に、他者と一緒に思わず笑顔がこぼれるような楽しさを共有する活動、グループで協力して問題解決をしながら目標達成する活動等を実施することにより子どもたちの人間関係づくりの基礎工事を進めていきたい。

　ワークショップのなかで行う活動の一つひとつをアクティビティという。子どもの人間関係力の低下が社会問題化したこともあり、書店には人間関係づくりのアクティビティを紹介する本が数多く並んでいる。しか

し、それらのアクティビティが本来もつ力を発揮させるためには、子どもたちの実態を把握しゴールを設定すること、そして、それに基づいて、幾つかのアクティビティを組み立ててプログラムを構成することが必要だ。また、ゴールに向かって時間と空間をデザインし、子どもとともに場を進行するファシリテーターとしての技能訓練は、これらの活動の成否を決める。「子どもをつなぐ道具箱」には、とっておきのアクティビティと、時間と空間をデザインする力を入れておきたいものだ。

　第二に、学級通信を発行したり日記を読み合うことにより、子どもの事実や思いを共有することである。学生に経験をたずねると、学級通信をもらった経験がある場合でも、子どもの声がまったく掲載されない事務的なものが多かったという。せっかく時間をかけて作成する媒体なのに、それではもったいない。ここで扱う学級通信とは、定期的に子どもの書いたものを掲載し、子どもと子どもをつなぐことを目的としたものである。子どもの声が載っている学級通信には力がある。子どもの声が載っている学級通信は紙飛行機にならない。教室をシーンと静まりかえらせる力がある。

　学級通信に掲載する子どもの声を集めるのに特別なことは必要ない。「道具箱」の定番ツールを活用すればよいのだ。班ノートや帰りの会の振り返りノートに書いてあることを写し取り、またはコピーして貼り付けて、それに少しのコメントを付けたり、付けなかったり。自分が書いたものが掲載されていることは、教師が思っている以上に子どもにとってはうれしいものだ。そして、教師の100の言葉より、クラスのなかまのひとことには値千金の重みがある。このように子どもの声をつなぐ媒体が日常的に存在することによって集団が深まると、学級通信という場に子どもの本音や悩みが登場するときが来る。クラスのなかまに自分の思いを知ってもらいたいという気持ちのあらわれだ。そして、その文脈のなかで、マイノリティの立場にある子どもが自分のことを語るときもある。ここなら自分のことを語れる安全な場だと思うからだ。

　さて、「子どもと子どもをつなぐ道具箱」のなかにそろえておくもう一つのオススメは、意図的に「遊びをつくる」ことだ。ひとり遊びやふたり遊び

のおもちゃやゲームがあふれるなかで、子どもたちに社会性を育むためには、学校のなかで「遊びを組織する」という視点をもつことが必要だ。子どもたちは、もめたり、けんかをしたりすることを通じて、ルールの必要性を学び、気持ちを伝えたり、もめ事を解決する方法を学んでいく。学校のなかの「遊び」の時間こそ集団づくりの格好の場だと心得て、子どもたちが自分たちで遊びをつくることができるように学校全体で取り組みを進めたい。

　遊びに加わることのできない子どももいる。例えば、友だちがなかなかつくれない、自分のことを無意味な存在と考えて、運動場の隅っこで一人で座っているような子どもだ。また、子どものなかには、高いところから飛び降りたり、ボールを何かに投げてぶつけるなど、衝動的、破壊的ともとれるようなひとり遊びを繰り返す子どももいる。虐待的環境で育った子どものなかには、こうした行動特性をもつ場合がある。しかし、人と一緒に遊ぶ力、楽しむ力を奪われてきた子どもだからこそ、それらの力を取り戻していく教育的なかかわりが必要だ。

　どのような子どもに、どのような遊びを選べばよいのか。その実践知には、例えば活動に必要なルールの程度（ルール習得が必要なゲームか否か）、子どもの相互作用の程度（メンバー相互の関係が必要な球技か、各自が部分を担当する作業か）など、幾つかの指標がある。これらの指標は、課題を抱えた子どもたちが小さな成功体験を積み重ねるための環境設定に有効である。子どもの実態に合わせて遊びを構成するために、こうした知恵をあなたの「道具箱」に入れてみてはどうだろうか。

❷教師の立ち位置と集団を読み解く力

　集団づくりの方針を立てるときに欠かせないのは、集団を読み解く力だ。誰と誰がどのようにつながっているのか、または、誰と誰が対立しているのかを観察する力はもちろんのこと、学級集団の30人なり、40人なりの人間関係を読み解く力が必要だ。人間関係を糸に例えれば、ゆがんだ糸のよりを戻し、もつれた糸を解きほぐすためにはどこから介入すべきか、切れかかった糸はつなぎなおし、分断された関係に新しい糸を架ける

第4章　生活を通して子どもをつなぐ集団づくり　**143**

ためにはどう働きかければよいのかについて、読み解き、判断し、行動する力が求められるのである。

　しかし、教師がどこに立ち位置を定めるかによって、子どもの見え方も集団の見え方も異なる。強い立場の子どもの視点から見るのと、弱い立場の子どもの視点から見るのとでは、見える学級集団の姿は大きく異なる。また、たとえ善意であれ、安易に「みんなを平等に」扱うつもりでいると、結果的に課題を有する子どもを落ちこぼしてしまう。では、どうすればすべての子どもに光が届くような働きかけができるのだろうか。同和教育実践では、「しんどい子を中心に」して集団づくりを進めるという表現を用いてきた。「中心にする」とは、その子だけを理由なく特別扱いしたり、えこひいきしたりすることではない。その子の立場に立って学級集団づくりを考えることで、クラス全体の人間模様の陰影が見えてきたり、隠されていたいじめの事実が見えてきたりするのだ。その子に寄り添って授業づくりを考えることで、授業でつまずきやすいポイントが見えて、すべての子どもにわかりやすい授業づくりをすることができるのである。

　「天才バカボン」や「おそ松くん」で有名な漫画家の赤塚不二夫さんは、自叙伝のなかで「明るいところからは明るいものしか見えないが、暗いところからはなんでもよく見える」という言葉を紹介している。例えば映画館や洞窟に入るとき、暗闇のなかで何も見えないという経験をしたことがあるだろう。そこには何かがあるはずなのに、明るいところにいた私たちにはそれが見えない。しかし、暗いところにしばらくいると、ぼんやりと周囲のものが見えてくる。そして、外に出るときには、明るいところのものもすべて見えるのである。赤塚さんの作品には、チビ太、ハタ坊、イヤミなど個性的な脇役が登場する。それらは、第二次世界大戦後、「満州」（中国）から引き揚げてきた赤塚さんが、人を差別する経験も人から差別される経験もするなかで出会った多くの人たちから生まれたものだという。人生の底辺を生きるとは、暗闇のなかを生きることかもしれない。しかし、暗闇だからこそ人間の本当の姿を観察することができたのだ。

　学級を担当するとき、私たちは、何をめざして、どこに立つのか、自分

の立ち位置を問いながら、子どもたちに向き合いたい。明るいところに立って、明るいところにいる子どもしか見えていない教師になってしまってはいないだろうか。暗いところにいる子どもを置き去りにしてはいないだろうか。大人の神経を逆なでするような子ども、孤独や憎しみにとりつかれたような子ども、荒っぽい言動で周囲を威嚇して生きているような子ども、そんな少し「扱いにくい」とされがちな子どもにこそ、寄り添っていきたい。個性的な脇役たちが生き生きと動き出す、そんな人間観をもちたい。そして、その子の立ち位置から、もう一度クラスを眺めてみると、そこから見える景色は異なっているはずだ。そこから自分の立ち位置を定めたときに、つなぐべき糸と糸はどれなのか、もつれた糸の解ける可能性はどこにあるのか、見えてくるだろう。

❸子どもがつながる自主活動

　ここまでは、教師が子どもと子どもをつなぐ視点やそのための方法について述べてきた。しかし、私たちがめざすべきは、子どもたちが自らなかまとつながろうとすること、そして、そのための力を育むことである。そのために子どもがつながる自主活動の場を、私たちは環境設定する必要がある。ここでいう子どもと子どもをつなぐための自主活動とは、学級活動、生徒会活動、学校行事、部活動や地域の子ども会などにおいて、子どもたちが自主的・自発的に行うものであり、それを通して、自治的な能力を育むものである。以下、学級・学年を中心とした学校における自主的な活動を中心に述べたい。

　第1節でも述べたように、同和教育実践のなかでは、生活班を軸とした学級集団づくりが大切にされてきた。少人数のグループをつくってそれを班と名付け、清掃や給食などの当番活動、教科係や掲示係などの係活動を分担するというやり方は、多くの人が経験してきたことであろう。しかし、生活班とは、まさに名のとおり、班活動という自主的・自治的な活動を通して、「生活」を通して子どもが子どもとつながり、行動することを意味している。ここでいう「生活」とは、学校生活における生活だけを意味しているのではない。家庭での暮らしや生い立ちもふくめて、子どもが

第4章　生活を通して子どもをつなぐ集団づくり　**145**

深くつながり合うことをめざして「生活」という言葉を用いている。これまでに登場してきた家庭学習帳、班ノートや学級通信などは、この生活班を軸とした学級集団づくりの取り組みのなかで大きな力を発揮する。

　さて、生活班を軸とした学級集団づくりを進めている学校では、子どもたちは、朝の会から、授業、昼食、掃除、終わりの会など、さまざまな場面において生活班をベースに取り組みを進める。例えば、昼食時には机をつけて食事をすることで、一緒に食事をすることの楽しさを味わうと同時に、互いの生活を知るようになる。授業も生活班を活用してグループ学習に取り組むことで、互いに聴き合い学び合う関係をつくると同時に、互いの学習状況を知るようになる。ここでは、気になる子がいたら「ねえ、どうしたん？」と声をかける力が、そして、わからないときには「わからない」「ねえ教えてよ」と言える力が、また逆に、なかまから「教えてよ」と言ってもらえる関係になることが一つの目標となる。このような日々の取り組みのなかで、互いのことが気になる関係、互いのことを放っておけない関係が生まれてくるのだ。

　生活班を軸とした学級集団づくりに欠かせないのが班長会議だ。学級では、月に２回程度、学級委員と班長によって構成される班長会議を行う。班長会議では、遅刻・欠席の情報、授業中の学習の様子や宿題忘れの増減、掃除の取り組み状況など、班やクラスの状況について情報交換をする。例えば、ノートをとらない子がいたならば、なぜノートを書かないのかとその子に関する情報交換が始まり、大学ノートにまっすぐに字が書けないという事実が見えてきたり、そもそも教科ごとにノートを用意できているのかという疑問が生まれたり、そして最後は、ノートを書かせるために班長・班員ができることは何かと話し合うこともある。例え班長であっても、その子に「ノートを書くように」と注意するだけでは子どもは動かない。しかし、班長や班員がノートを書けない（書かない）その子の気持ちに寄り添いながらかかわり続けることで、いつしか子ども同士のなかで厳しく要求することもできる関係に成長していくのだ。

　次に、各クラスの学級代表と班長によって構成される学年班長会議を行

うことも重要だ。これを学年生徒会と呼ぶこともある。会長、副会長、書記、会計などの役職による数名程度の生徒会では、行事の進行などの請負的な役割、または、学級の実態とは乖離したところでの特別な企画などを任されがちである。学年班長会議では、議論のテーマは、各クラスの現状報告から始まり、学年の課題を発見し解決していくことをめざす。ある学級において水面下でいじめ事象が進行していたとしても、学年班長会議で、他のクラスから問題提起があれば、そのクラスの学級委員や班長たちは、自分たちがいじめを不可視化していたことに直面させられるのである。子どもたちが、自分の学級や学年のなかで起きている事実に基づきながら、自分たちで課題発見・問題解決をしていくのである。

❹子どもの集団分析で教職員がつながる

　学校において、子どもたちが人間関係について学ぶ最大の学習環境は、教職員集団そのものである。いくら教室の前に「仲の良いクラスをつくろう」とスローガンを貼ったところで、教職員の連携が取れていなければ、子どもたちはおとなが思っている以上に見抜いているものだ。逆に、例えば、部活終わりに職員室にふらりとやってきた生徒が、先生たちの笑い声のあふれる姿や真剣に語り合っている様子を見て、「先生ら、ほんまに仲ええな」とつぶやきを残して帰って行く光景は実にあたたかい。私たちは、子どもにとって集団づくりの最も身近なモデルであることを自覚する必要がある。ここでは、学級集団分析の会議運営を改善することによって、教職員の集団づくりを進めている学校の事例を紹介する。

　ある小学校では、教職員の世代交代が進行するなかで、「ほかならぬこの子」という言葉に込めた子ども理解の考え方や学級集団の分析と方針の立て方が途切れかけてきていた。「この子」とは、「この子」を通して学級の課題が浮き彫りになる子どもであり、「この子」の課題を追求することが全体の課題を解決する糸口になる子どものことである。しかし、それを口頭で継承することは簡単なことではない。そこで、それまで経験知として受け継がれてきた集団分析の方法を、ワークシートの書式に整理し、新任教

第4章　生活を通して子どもをつなぐ集団づくり　**147**

員も転任者も同じ枠組みで情報共有ができるようにした。すべての教員が、自分がかかわるクラスについて、年3回（5月、8月、3月）文書を作成・提出し、それに基づいて全教職員で集団分析の会議を行うのだ。

5月（連休前後）
①子どもたちの様子（人間関係マップから）
②「この子」について
③コアコンセプト（ねらい）
④集団を高めるために
⑤配慮を要する子ども

↓

8月（夏季休業中）
①この子を含めた子どもたちの様子（人間関係マップから）
②そのような子どもたちにどのような取り組み（人権・部落問題学習と教科学習）をしてきたか（子どもの姿で）
③成果と課題（1学期）
④今度の見通し（2学期以降どうしていきたいのか）

↓

3月（年度末）
①この子を含めた子どもたちの様子（人間関係マップから）
②そのような子どもたちにどのような取り組み（人権・部落問題学習と教科学習）をしてきたか（子どもの姿で）
③成果と課題（年間）

ワークシートは、2種類ある。一つは、子どもの実態や総括・方針を記載する文書形式のもの、もう一つは子ども集団の関係を図であらわした「人間関係マップ」（図4）である。文書形式のワークシートは、上のような項目で構成されている。毎回、人権・部落問題学習と教科の学習を通してどのような取り組みをしたのか、それらの取り組みを通して子どもの集団が

どのように変化したのかが記載されており、学校内の事例検討会ならではの子どものリアルな情報と担任の先生の熱い願いが込められている。また、「人間関係マップ」には、子どもの名前を書いた

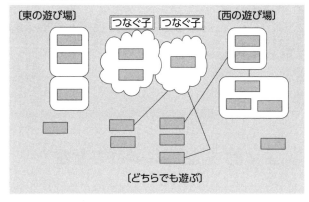

図4　人間関係マップ

付箋が人数分貼り合わせてある。これは、子どもたちの人間関係のつながりの状況、そこにある権力関係やいじめ・いじめられの関係、信頼関係の質や方向性、また、学級を前向きに進める動きがどこにあるかなどが、見てわかるように関係づけて付箋を貼り、またその間をマジックで線でつないだものである（大阪府人権教育研究協議会、230頁、2006年）。

　このように可視化された各クラスの状況を、年3回の分析会議において、全教職員で情報共有し、各クラスの現状と課題、次の方針を確認し合うのである。1クラス2枚におさめられたこのワークシートは、短時間で全クラスの概要を把握するのに効果的だ。簡潔な文書による「見える化」は、教職員の情報共有と意思統一に絶大な力を発揮する。また、文書を書くのはちょっと苦手という先生も、この枠組みにそって、学級の子どもの事実を振り返り、自分の取り組みの後付けをしていくことで、当初の目標は何だったのか、本当は何をしたかったのか、その原点に立ち戻るきっかけを得たり、やり直しのヒントに気づかされたりするものだ。少なくとも、こうして教職員全員で互いの実践を交流し、各クラスの次の到達目標と方針を確認し合って新学期を迎えることは、困ったときに一人で抱え込まない、助け合える教職員集団づくりの土台となるだろう。

人権学習をつくる視点と方法

1 主体的・対話的な学びのなかで

❶学習指導要領の改訂と主体的・対話的な学び

　人権学習をつくるとき、学習対象が小学生や中学生の場合は、教師からの「受動的・従属的」（⇔主体的）で、「独話的・一方的」（⇔対話的）な学びが有効でないことは自明である。それは、各教科の「学力」を醸成する場合にあっても、解放の学力（差別を見抜き、差別に負けない、差別と闘う力）を醸成しようとする場合であっても共通である。

　2017年の学習指導要領改訂で話題になった「主体的・対話的で深い学び」、いわゆるアクティブラーニングに関しては、2016年の「全国学力・学習状況調査」で、

- ●「総合的な学習の時間」では、自分で課題を立てて情報を集め整理して、調べたことを発表するなどの学習活動に取り組んでいる
- ●先生から示される課題や、学級やグループの中で、自分たちで立てた課題に対して、自ら考え、自分から取り組んでいた
- ●学級の友だちとの間で話し合う活動をよく行っていた

といった授業改善を行っている学校の、各教科の平均正答率が高い（特に、活用力を問うB問題に顕著）という結果が出ている（文部科学省・国立教育政策研究所『平成28年度 全国学力・学習状況調査 調査結果のポイント』48頁、2016年）。この調査結果と人権学習を安易に結び付けようとするものでは

ないが、上の３つの観点、例えば「自分で課題を立てて情報を集め整理して、調べたことを発表する」などの人権学習を行った場合とそうでない場合とで、その成果に差が生じるのは当然ではないだろうか。むしろ、これまで人権学習も、地域の課題を見つめ、フィールドワークや聞き取りを行い、共同作品や討論会などの表現活動に至るまで、アクティブラーニングを率先して行ってきたといえる。

　そこで、まず、近年の学習指導要領の改訂による教育の動向と、人権学習の関係を見ておく。表１を概観すると、キーワードとして高度経済成長期以降、1977年の「ゆとり」、1989年には「社会の変化」「生活科の新設」、1998年の「生きる力」「総合的な学習の時間の新設」があげられる。こうした日本の教育の動向は、人権学習とも密接に関連してきたが、特に、主体的・対話的な学びという本節のテーマに関係が深い、1989年以降の動向を見ていきたい。

表1

改訂年	学習指導要領改訂の特徴
1958年	道徳の時間新設、系統的学習重視、科学技術教育の向上
1968年	時代の進展に対応した教育内容導入
1977年	**ゆとり**のある充実した学校生活の実現
1989年	**社会の変化**に自ら対応できる心豊かな人間の育成、**生活科の新設**
1998年	自ら学び自ら考える力などの「**生きる力**」の育成、教育内容の厳選、「**総合的な学習の時間**」の新設
2008年	授業時数増、小学校外国語活動の導入
2017年	道徳の特別の教科化、小学校高学年での外国語科、**アクティブラーニング、カリキュラム・マネジメント**

❷生活科の誕生と主体的・対話的な学び

　1989年、それまでの小学校１年生、２年生での社会科と理科が廃止され、生活科が新設された。戦後はじめて教科を廃止・新設するというこの出来事は、高度経済成長期を経た日本の教育の大きな転換であった。それまでは、学校教育の特徴でもある教科書を使った教室での座学による、と

第5章　人権学習をつくる視点と方法　**151**

もすると表面的な知識の伝達が中心の教育であり、入学当初の6歳の子ど もたちにも、卒業間近の12歳の子どもたちにも、同じような形態での教 授が行われてきたのであるが、生活科の誕生は、こうした教科の系統性に よるトップダウンの教育から、思考と活動が未分化な低学年児童の発達特 性に合わせて、遊びを通じて学ぶ幼児教育との接続・発展、いわば、ボト ムアップの教育の重視へと転換したのである。ちょうどこの頃は、携帯 型液晶ゲーム機や家庭用ゲーム機の大流行などによる子どもの遊びの変容 と自然離れが社会問題となり、あいさつや整理整頓、果物の皮むきやタオ ルが絞れないなど、子どもの日常の生活習慣や生活技能の不足も明らかに なった時期でもあった（日本放送出版協会、9頁、1991年）。

そうして誕生した生活科は、教科目標を以下のようなものとした。

具体的な活動や体験を通して、自分と身近な社会や自然とのかかわりに 関心をもち、自分自身や自分の生活について考えさせるとともに、その過 程において生活上必要な習慣や技能を身に付けさせ、自立への基礎を養う。

このうち、学習の前提としての「具体的な活動や体験を通して」との文 言は、教科書による座学ではない子どもたちの興味・関心や「主体性」を 想定し、教室外・学校外での活動や体験、地域の人々と自分とのかかわり による「対話性」を打ち出した画期的なものであった。さらに、自分との かかわりで社会をとらえる、自分の生活について考える、生活上の技能を 身に付けるといった文言も、「差別の現実から深く学ぶ」同和教育にとって、 また、差別の結果、レディネス（学習準備）が不足しがちな被差別部落（以 下、部落）の子どもたちにとって、重要な教育目標・内容・方法であった。

その後、生活科は、第3期となる2008年の学習指導要領改訂で、部落 の子どもの実態から得た大阪府同和教育研究協議会（当時）の研究で明ら かになった「小1プロブレム」（新保真紀子、2001年）の文言が明記され、 人権教育にとってますます重要な教科となるとともに、「小1プロブレム」 の解消に向けた「スタートカリキュラム」の作成や校園種間連携が重要と の、今日の流れに至る。

また、1980 年代後半に確立したといえる人権教育のカリキュラム（「解放カリキュラム」と呼んでいた場合もある）による、例えば、小学校 1 年生での「家事労働」、2 年生の「賃労働」、3 年生の「地域学習」といった順序性と認識・領域の広がりは、そのまま生活科の教科内容とリンクするものであり、2017 年の学習指導要領でも同様に、教科内容 (1)「学校と生活」、(2)「家庭と生活」、(3)「地域と生活」として密接な関係を保つ。加えて、「自尊感情」や今日注目されている「もちあじ」（沖本和子、2013 年）も、教科内容 (9)「自分の成長」での根本的な概念となる。

❸「ひらがな指導」と「スタートカリキュラム」

　2008 年の学習指導要領に登場し、2017 年の学習指導要領改訂で「教育課程全体を視野に入れた取組とすること」と拡充された「スタートカリキュラム」に深く関連して、1970 年代の人権教育の大きな成果の一つは、「ひらがな指導」である。

　1960 年を皮切りに、奈良県や兵庫県で誕生した人権教育に関する読本は、高度経済成長期、受験戦争の時代を経て、特にこの時期の教育を批判的にのりこえるべく、その内容を発展・充実させながら、全国各地で刊行される。大阪でも 1970 年から学年順に、解放教育読本『にんげん』が刊行され、いよいよ人権教育の教育内容はその創造期に入る。

　ところが重大なことに、本来、教育の中心に据えられるべき部落の子どもたちのなかに、この『にんげん』を読めない子がいることに現場の教員が気づく。差別の結果、絵本の読み聞かせなどによるレディネスが得られなかった部落の子どもたちは、楽しいはずの学校への入学、楽しいはずの学習のスタートから「落ちこぼされた」のである。そうして人権教育の大きな課題としてクローズアップされたのが「ひらがな指導」である。

　1973 年に発足した大阪市同和教育研究協議会のプロジェクトチームによる、「ひらがな表記の実態調査」に始まる幼児の発達と言語獲得の過程の分析は、レディネスの不足する子どもたちに着目し、生まれてから小学校入学までの 6 年間の諸経験を小学校入学当初の期間にくぐらせる「くぐ

らせ期の教育」の設定、そのための自主教材『ひらがな』を生み出す（中野他、162〜168頁、2000年）。その後、大阪府内各地でも『1ねんのこくご』などの自主教材が刊行され、現在も、『かなもじ指導教材集』（大阪市人権教育研究協議会・大阪府人権教育研究協議会）として引き継がれている。さらに、それらを主教材として、大阪府内各地で新年度当初に「ひらがな学習会」が開催され、40年以上もの実践研究に至っている（沖本、2014年）。

　2008年の『小学校学習指導要領解説 生活編』に明記された、「小1プロブレムなど、学校生活への適応を図ることがむずかしい児童の実態があることを受け、幼児教育と小学校教育との具体的な連携を図ること」などの、スタートカリキュラムに関する文言は、1998年の大阪府同和教育研究協議会（当時）による保幼小教員への調査による「小1プロブレム」の発見によるものである。その解消のために刊行された教材・実践集『わたし出会い発見 part5』（大阪府人権教育研究協議会、2004年）には、40年間にわたって脈々と受け継がれた「くぐらせ期の教育」「ひらがな学習」の手法が多く掲載されている。心と体をほぐしながら、安心して楽しく学習のスタートを切ることのできる人権教育の教育内容と教育方法は、今日に至っても有効なものとして重要視されている。

　また、スタートカリキュラムは当初、「学校生活への適応が図られるよう、合科的な指導を行うことなどの工夫により第1学年入学当初のカリキュラムをスタートカリキュラムとして改善することとした」と記されたため、ともすると、小学校生活への「適応」を目的とした生活指導的な実践が数多く見られた。しかし、2017年の学習指導要領改訂では、「一部に見られるような小学校入学期のみの適応指導を意味しているのではない」「幼児期の実態を理解し、自覚的な学びとして期待する児童の姿を共有することが出発点となる」と改められ、子どもを理解し、より子どもの実態に即した「くぐらせ期の教育」の理念と方法に寄り添った形での改善となった。

❹「総合的な学習の時間」と主体的・対話的な学び

　1998年の学習指導要領改訂では、前回の生活科の新設に続き、「総合的

な学習の時間」（以下、総合学習）の誕生が大きな話題となった。第1期の総合学習は、教科内容の大幅な精選により小学校3〜6年生では年間110時間の指導時数を確保し、また、学校週5日制の導入による総時間数の削減とも関連して、「学力」の低下を懸念するなど、賛否両論入り乱れる社会問題となった。

　当時の総合学習は、学習指導要領に、各教科や道徳、特別活動のような章立てもなく、「学習指導要領解説」もつくられなかった。しかしそれは、学校や教員の創造性や子どもの実態を大切にした新しい教育の在り方であり、その内容は、総則のなかで以下のようにのみ示された。

第3　総合的な学習の時間の取扱い

1　総合的な学習の時間においては、各学校は、**地域や学校、児童の実態等に応じて**、横断的・総合的な学習や児童の興味・関心等に基づく学習など**創意工夫を生かした教育活動**を行うものとする。

2　総合的な学習の時間においては、次のようなねらいをもって指導を行うものとする。
　(1)　**自ら課題を見付け、自ら学び、自ら考え、主体的に判断し、よりよく問題を解決する資質や能力を育てること。**
　(2)　**学び方やものの考え方を身に付け、問題の解決や探究活動に主体的、創造的に取り組む態度を育て**、自己の生き方を考えることができるようにすること。

3　各学校においては、2に示すねらいを踏まえ、例えば国際理解、情報、環境、福祉・健康などの横断的・総合的な課題、児童の興味・関心に基づく課題、**地域や学校の特色に応じた課題**などについて、**学校の実態に応じた学習活動**を行うものとする。

4　各学校における総合的な学習の時間の名称については、各学校において適切に定めるものとする。

5　総合的な学習の時間の学習活動を行うに当たっては、次の事項に配慮するものとする。
　(1)　自然体験やボランティア活動などの社会体験、観察・実験、見学

第5章　人権学習をつくる視点と方法　**155**

や調査、発表や討論、ものづくりや生産活動など**体験的な学習、問題解決的な学習を積極的に取り入れること**。

(2) グループ学習や異年齢集団による学習などの**多様な学習形態、地域の人々の協力**も得つつ全教師が一体となって指導に当たるなどの指導体制、**地域の教材や学習環境の積極的な活用**などについて工夫すること。

(3) 国際理解に関する学習の一環としての外国語会話等を行うときは、学校の実態等に応じ、児童が外国語に触れたり、外国の生活や文化などに慣れ親しんだりするなど小学校段階にふさわしい体験的な学習が行われるようにすること。

（「小学校学習指導要領」1998 年より抜粋。太字は筆者）

このセンセーショナルな総合学習の誕生は、各地の人権学習にも大きな変革をもたらした。教科書がないなかで、総合学習は、（囲みの太字部分のように）そもそもアクティブラーニングを基本とし、さらに、「地域の実態に応じて」「自ら課題を見付け」「問題を解決する」といった文言は、地域の課題がまさに部落差別や人権問題である学校にとって、それを、総合学習を中心にアクティブラーニングで行うというものであり、それまでの、ややともすると教師が主導した形でのフィールドワークや聞き取り学習などを、子どもの探究活動を主とした人権学習に大きく発展させるものであった。

折しも森実が、「説教型」「生い立ち共感型」から「冒険心型」の人権学習を提唱し（森、1993 年）、また、パウロフレイレの「銀行型教育」から「問題提起教育」へ（パウロフレイレ、1979 年）といった、人権学習の新しい方法論などを紹介したことで、学校現場のニーズ、総合学習、人権学習が教育課程として一致し、人権教育の理念を大切にした、いわゆる「人権総合学習」が全国各地で生み出された。また、それに伴い毎年各地で数百人〜千人規模の公開授業研究会も開催され、熱気に満ちた教育創造の時期であった。

❺「全同教の四認識」とアクティブラーニング

2017 年に改訂された学習指導要領は、学習の基盤となる資質・能力と

して、「言語能力」「情報活用能力」「問題発見・解決能力」をあげ、さらに、現代的な諸課題に対応して求められる資質・能力が必要としている。その獲得のために、教科横断的な学習を充実するとともに、「主体的・対話的で深い学び」に向けた授業改革が必要であるとしている。

さかのぼると、これとは対照的な 1960 年代を中心とする高度経済成長期における「学歴重視」「知識偏重」「詰め込み教育」は、学校の「荒れ」や登校拒否などの増加を招いた。このことから、臨時教育審議会（1977 年）で答申された「ゆとりの中で生きる力を育む」教育への転換がなされてきた。その後 20 年をかけ、学習の総時間数を減らしつつ、教科に細分化され系統化された教科教育から生活科を創設（1988 年）、総合学習の創設（1998 年）を行ったのである。折しも、PISA 調査（2003 年）での国際比較順位の低下を受け、日本の教育の在り方が問われた時期でもあった。その前年（2002 年）から本格実施された総合学習は、「ゆとり教育」「ゆとり世代」などの風評を受けながらも、教科横断型、課題解決型、探究型の学習として成果をあげ、この世代は、PISA 調査（2012 年）の国際比較順位で世界 1 位を獲得するに至った。

これらの出来事は、単に順位で一喜一憂するのではなく、むしろ、学びの在り方の本質を考えさせるものであった。つまり、総合学習のなかで必須である探究的な学習の過程として、①子どもたちが、日常生活や社会から自ら課題を見つけ、②課題設定➡情報収集➡整理・分析➡まとめ・表現、③考えや課題を更新、という学習過程（**図 1**）を踏むことが、子どもたちの学習意欲や学習の資質・能力にも影響し、教科の学力も高めたのである。OECDや文部科学省も、総合学習が日本の学力向上に大いに貢献したとしている。

こうした学びの在り方は、人権学習にも強く関連する。同和教育において教科を横断するという理論は、すでに 1971 年に、いわゆる「全同教の四認識」（「全同教三十年史」編集委員会、1153〜1154 頁、1983 年）として提起され、その後の人権教育実践を長く支えてきた。繰り返すが、この頃の世相は、ベルトコンベア、大量生産、効率、大量消費、所得の倍増などであり、その経済活動には、勤勉な労働者が大量に必要であった。学校では細

図1　探究的な学習における児童の学習の姿

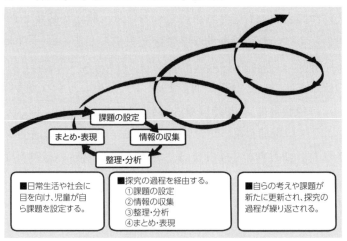

(『小学校学習指導要領解説 総合的な学習編』文部科学省、2016年)

分化された教科で、効率よく、早く、正確に知識を蓄積するための教育が行われた。それに対して、同和教育としての教育内容は、教科を横断（包括）して、あるいは教科によらず総合的に行うという構想で、「言語認識」「社会認識」「自然認識」「芸術認識（表現認識）」という４つの認識に関連した教育内容が提唱されたのである。言語認識は、低学力の克服の一番の課題であったし、社会認識は、部落差別をはじめとする人権課題への課題発見・問題解決をめざしていた。自然認識は、自然や科学と人間の関係を科学的に認識することが重要であったし、芸術認識は、他の３つの認識を統合し、自己表現する力の育成をめざしていた。これは、前述した「解放の学力」（差別を見抜き、差別に負けない、差別と闘う力）ともつながる。

　例えば、1990年前後に教育実践が成熟した地域学習では、地域でフィールドワークを行い、興味をもった人・もの・ことを調べ、差別の歴史や現実に気づいていく。そして、芸能や土木建築業、食肉産業や廃品回収業など、その地域での生業や共同して差別と闘ってきた様子などを記した地域教材、地域の人からの聞き取りなどを通じて学び、共同版画などを制作して表現するといった学習を教科横断的に行ってきた。つまり、2017年改

訂の学習指導要領のいう「言語能力」「情報活用能力」「問題発見・解決能力」をベースに、現代的な課題を解決するために教科横断的にアクティブラーニングを実践してきたのが、他ならぬ同和教育であったのだ。

関連して、2017年の学習指導要領改訂の大きな話題は、資質・能力の3つの柱を提示したことである。

---

① **何を学ぶか** = 生きて働く「知識・技能」➡何を理解しているか、何ができるか

② **どのように学ぶか** = 未知の状況にも対応できる「思考力・判断力・表現力等」➡理解していること・できることをどう使うか

③ **何ができるようになるか** = 学んだことを人生や社会に生かそうとする「学びに向かう力・人間性等」➡どのように社会・世界と関わり、よりよい人生を送るか

これらは人権学習として考えても重要な「柱」となりうる。なかでも、特に②について説明されたのが、アクティブラーニングである。当初は、大学などの講義型に代表される一方的な教授から、グループでの議論、思考ツールの活用、プレゼンテーションなどが例示された。しかし、表面的・形式的に班で話し合う時間を設けることでアクティブラーニングを実施したかのような、深まりを欠くような実践事例が多くあらわれ、その後、より広範なものとして定義されるに至り、以下のように再提示された。

「**主体的な学び**」の例
● 学ぶことに興味や関心を持ち、毎時間見通しをもって粘り強く取り組むとともに、自らの学習をまとめ振り返り、次の学習につなげる

「**対話的な学び**」の例
● 実社会で働く人々が連携・協働して社会に見られる課題を解決している姿を調べたり、実社会の人々の話を聞いたりすることで自らの考えを広める

「**深い学び**」の例

第5章　人権学習をつくる視点と方法　**159**

●事象の中から自ら問いを見出し、課題の追究、課題の解決を行う探究
　の過程に取り組む

（中央教育審議会「幼稚園、小学校、中学校、高等学校及び特別支援学校の学習指
　導要領等の改善及び必要な方策等について（答申）」補足資料、13頁、2016年）

　こうして見ると、これまでの「地域学習」と重ねて、地域での人権課題
を学ぶことへの興味・関心、見通しをもつことや、実社会で人権課題を解
決しようとしている人の姿を調べたり、人権課題の追究や探究の過程に取
り組んだりすることが重要であることがわかる。しかしこうしたアクティ
ブラーニングでの人権学習は、地域学習や人権の理念を大切にした総合学
習として、2000年頃までに確立されたものであったといえる。

2 ｜ 集団づくりと結びつけた展開

❶前提としての人権の視点

　人権学習を学校教育で行う場合、集団づくりとの結びつきは非常に重要
である。そのことを、まず、人権教育の4つの側面＝「人権のための教
育」「人権としての教育」「人権を通しての教育」「人権についての教育」
（平沢、7〜10頁、1997年）で考えておく。

　はじめに、「人権としての教育」は、子どもの学習権の保障である。こ
れはかつて、障害児は学校に設備がないので危ないとか、部落の子は貧し
いがゆえに働かなくてはならないので、などと理由をつけ、学校に来られ
なくても仕方がないと、実質的に就学を阻害されていた状況に関連する。
また、校区に部落があるため、あえて住民票を親類縁者の住所に移すなど
で「越境入学」をさせられ、多様なアイデンティティの子どもと触れ合う
機会を奪われた子どもも、加差別者のうちの、ある意味被害者かもしれな
い。仮に、男性、健常者、部落外出身、日本人、富裕層のみで構成され、
女性、障害者、部落出身者、在日外国人、セクシュアル・マイノリティ、
貧困層が排除された多様性の乏しい学校が存在すれば、そこでの集団での

思考は多様性を失い、真理は追究されにくい。したがって、特に差別意識や忌避意識がまだ未成立の小学校低学年のうちから、多様なアイデンティティの集団のなかに属することは、できるかぎり尊重したい。

　次に、「人権を通しての教育」である。子どもが安心・安全のなかで、自分を発揮し、自分の思いや考えを語ることができるために、「心の解放」は重要である。「この集団のなかで意見を言ったら、後でいじめられる」とか、「人と違う意見を言ったら笑われる」などの経験や教室のムードがあると、人は語れない。また、教員の「あなたたちは日本人なのに、そんなことも知らないの？」といった日常的で無意識で不用意な発言は、日本人以外の子どもを排除していることになる。

　さらに、肌に直接「団結」などと書かされて行う運動会や、健常者だけしか本質的には参加できない大縄跳びなどのイベントも権力や多数者の論理に依拠し、構造的暴力につながる。「友だちを大切に」と言いながら体罰を行う教員も本末転倒であるし、「今は差別などないので人権教育は不要だ」という教員も、日本の「部落差別解消推進法」（2016年）の施行はおろか、世界中で起こっている人権侵害事象からも目を背けていて、子どもたちに人権意識を醸成すべき教員の資質として怪しい。それは、仮に「日本には70年間戦争がないのだから平和教育は不要だ」として、果たして暴力のない平和な社会を維持できるかということに等しい。このように、少数者や被差別の子どもなど、一人ひとりが大切にされた、人権意識の高い、いわば人権のムードにあふれた教室で学級集団づくりを行っていくのも、人権教育の大切な側面である。

　最後に、さまざまなアイデンティティの子どもが参加（＝人権としての教育）しながら、一人ひとりの意見が尊重される教室（＝人権を通しての教育）で「人権について学ぶ」とき、子どもたちは自らの意見や疑問、自らの生活を安心して語り、聴き合いながら、「人権についての教育」を学ぶことができる。そうしたなかでは、ともすると自身や家族、身の回りの加差別の感情などを正直に語る子どもも出てくるだろうし、「それはおかしいのではないか」と指摘・反論する子どもや、「私も同じだ」と同調・

第5章　人権学習をつくる視点と方法　**161**

支援する意見も聴くことができる。そうしたなかで、子どもたちは真に、「差別をなくしていきたい」という結論にたどり着くのである。逆に、そうではないなかで行われた人権についての教育は、時として、差別の内容や方法を教えることにとどまることにもなりかねない。

❷授業としての人権教育

　教科の授業であれ、人権学習であれ、授業は以下のように定義できよう。

> 　授業とは、多様なアイデンティティの子どもたちが、多面的・多角的な意見を出し合い（聴き合い）、自分に問い直しながら、集団で真理を追究していくプロセスである。

　もし、授業がこうでなければ、子どもは、教員や教科書が主張していることを真理であると鵜のみにし、それを教える教員の「正答」を言い当てることが学習の目的となりうる。そうすると、もし教員が「差別はいけないことだ」「差別をしない子になりなさい」など、結論としては正義を「教授」したとしても、子どもたちの思考は教員の「正答」を言い当てるためにあって、場合により、「差別を是とする」教員の「正答」を言い当てる思考と変わりない。そうした非民主的な教育方法からは、「正答」はどうあれ、算数や英語が苦手な子どもが生まれるように、「人権学習が苦手」な子どもや、「人権学習がきらい」な子どもを生みかねず、結果、将来、人権問題を忌避するおとなが生まれるのである。また徒弟制のように、「憧れの尊敬する親方（先生）の言うことだから、よくわからないけど信じておこう」というような教育法も、「尊敬できない先生だから、何を聞いても信じない」という場合も生み出すし、教員が差別的な志向であった場合には、そちらに誘導される恐れがある。

　そうならないために、教育の方法は重要である。そもそも学校教育には一定の手順があり、そうでなければ、家庭での情緒的で感情的な教育や、悪くすれば、趣味や価値観の押しつけとなる。また、生涯教育のような自

発的で自律的な学びに任せるのも無責任である。あくまで学校は、「わからない」「知らない」が子どもの原点であり、「差別をどう思うか」と問えば、「わかりません」と答えるのが、子どもの最も正直で正しい答えであるし、権利でもある。そして、「わからない」を「わかるよう」にうまく教えるのがプロフェッショナルとしての教員の仕事である。

　もし、プロの料理人が何の工夫もなく客がきらいなピーマンを無理やり食べさせ、「おいしいと言いなさい」と強要すれば、二度とその客は来なくなるし、無理やり食べさせられたピーマンはもっときらいになり、体が受け付けなくなるのである。

　学校での人権学習は強制や啓発ではない。学校教育であるかぎり、国語や生活、道徳や総合学習と同様、①到達を期待する目標（＝教育目標）、②教えなければならない内容（＝教育内容）、③そのための教材の選択と吟味（＝教材研究）、④適切な方法や発問（＝教育方法）、⑤評価（診断的・形成的・総合的）（＝教育評価）が必要となる。仮に、その一つでも欠けていると学校教育としては不十分である。

　例えば、①目標は、差別をしない子、差別と闘う子どもを育てる、②そのために教えなければならない内容は、まず学校や地域に存在する差別に気づき、その不合理さを理解する、③教材は、教科書が有効か教員自身で教材をつくるか、④方法は、一斉授業での説話か読み物資料か、あるいは、地域へとび出してのインタビューか、⑤評価は、作文か、例えば市長さんに来ていただいての直接のアピールか。ここは、プロフェッショナルとしての腕の見せ所である。どうせ食べないピーマンを、思わず食べたくなるように料理し、できればピーマンが好きになるようにするのがプロの料理人である。教員であれば、「教えたいことを学びたいことに転化する」ことである。この作業を怠り、「結論ありき」「押しつけ」「例年通り」などの授業では、苦手な教科をきらいになるように、人権学習もきらいになるだろうし、それは、複雑な時代をこれから乗り切っていく子どもたちにとっての大きな損失である。

第5章　人権学習をつくる視点と方法　**163**

❸集団で真理を追究する

さて、小学校1年生に「雨の日にはどのようにして学校に来ますか」と問うとする。子どもたちが「傘をさして来ます」と答える。しかし、それが正解かといえば怪しい。学校のすぐ前に住む子は走ってくるのが日常かもしれない。

では、その学級では、本当に「傘をさす」で全員一致したのだろうか。母国の文化や気候の違い、車椅子や杖の使用など、回答はもっと多様でもよい。したがって、たまたま多様なアイデンティティの子どもが教室にいなかったのか、あるいは、障害者や外国人などは排除されていたのか、また、普段から一問一答で正答主義の授業をしていたのかもしれない。もし教員が、集団での真理の追究を意図していたのであれば、「本当にそうだろうか」とゆさぶることをするだろうし、その前に、「先生、車椅子を使っている○○さんの意見も聞きたい」と子どもから要求が出るかもしれない。それは、普段から「排除」をしない学校づくり・学級づくりと、普段から気になる子をあてにして、多様な集団で思考する、人権のムードに満ちた授業づくりをしている教員の教室であろう。また、教員の授業の進め方や内容に対して、「ちょっと待って」と要求を出しても許される（むしろほめられる）ような学級の価値観やムード、教員と子どもの対等な関係性も重要である。さらに、普段から「正答」の回答では終わらない探究的な学びを楽しみにしている子どもたちの姿も思い浮かぶ。

こうした条件が、多様な意見を引き出し、「傘をささない子もいる」「なぜなら……」といった真理の追究、深い学びへとつながるのである（豊田、2001年）。

人権学習にあてはめて考える。「差別はいけないと思うか」と問うと、「差別はいけないと思う」と多くの子どもが答える。安心する教員。これではとうてい真理にはたどり着けない。「本当にそうか」、場合によっては、「先生は、差別は仕方ないと思う……」などと「ゆさぶり」をかけると子どもはどう反応するか。もちろん、当事者の子どもや保護者とは、教

員の願いと学習の意図、めざすゴールを共有しておく必要はあるが、こうした授業が、教員の本気と子どもたちの本音がぶつかり合い、真理を追究する授業の入り口となる。

　発展して、総合学習で「理想のまちづくり」を考えるとする。小学校の中学年であれば子どもたちは、「こんな場所があったらうれしい」「こんなものがあったら便利」「こんな行事があったら楽しい」と計画を始める。中学生であれば、自分の進路や職業、住環境や自然環境なども考えるであろう（大阪府人権教育研究協議会、2018年）。

　そのとき、「そのまちでは、部落の人と一緒に住むのか」と問うたらどうか。障害者や在日外国人、セクシュアル・マイノリティなども同様に。すると、一人の子どもから「そういう人とは住まない」との声があがったとしよう。現に、おとなの社会では、ヘイトスピーチをするような者がいるので、家庭やインターネットでの差別的な情報に翻弄されて、そのように発言する子どもがいても不思議ではない。

　繰り返すが、そこが真理の追究の入り口であり、人権学習のスタートであり、集団での学習の価値でもある。考えに同調する子ども、それはおかしいと意義を唱える子ども、自分のことや家族のことを訴える子ども、まちに出てインタビューをしたり、人権問題の解決に向けた活動をしている人に聞いてくる子ども。それらをもち寄り、結果、「みんなが共生できるまちのほうが住みよい」「共生社会を私たちが創りたい」「差別は許さない」と子どもたちが結論を出すような人権学習が望ましい。そのためには、多様な集団での思考と真理の追究が不可欠なのである。

❹ともに闘うなかまづくりとして

　小学校6年生の憲法学習を、「権利のダイヤモンドランキング」（大阪府同和教育研究協議会、1998年）というアクティビティで行ってみる。各班に配るカードには、

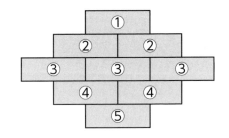

- ●屋根のある家に住める
- ●自由に発言できる
- ●差別されない
- ●選挙で議員を選べる
- ●好きな職業を選べる　他

など9枚の、日本国憲法で保障されている権利をダイヤモンド型にランキングしていく。「1位はこれ、2位はこれとこれ、……最下位はこれ」。

　Aは、父親がし尿取集運搬を生業とする父子家庭。寒い冬も夜中のうちに仕事場へ出かけ、人々が活動を始めるまでに仕事を終える父親は、夜中のうちにAの朝食の支度をする。バキュームカーを洗浄し、作業着の洗濯を終えて昼過ぎに帰宅すると、今度はAの夕食の支度。味見をつまみに晩酌をしながら、ひとり夕食を済ます。Aはそんな父親のことが大好きだし、父親のそうした労働に支えられて自分が生きていることを幼い頃から感じていて、自分が帰宅する頃にはそろそろ床に就く父親の分まで、まだ低学年のうちから家事労働で支えてきた。改良住宅に住むそんなAは、「屋根のある家に住める」が1位だと言い張って譲らない。「お父さんが疲れて帰ってきて、ゆっくり眠るには絶対に必要なのだ」と。

　Bは将来、大好きなプロサッカー選手になろうか、芸能人になろうか、迷っている。BはAの家のことも知っているし、何より、Aの祖母が昔、全国に名を馳せる有名な芸能人であったことを、1学期の部落問題学習を通して知っていた。Aの祖母が「差別されるから」と隠していた当時の台本ときれいな衣装、録音されたソノシート（レコード）を、畳を剝がして出してきて、当時の活躍の様子をポツポツと語る。そんな聞き取りをしてきた映像を教室で観たとき、Bはうれしそうに、「このムラに生まれてよかった。ぼくの体には、Aのおばあちゃんの血が流れている」と言った。そんなこともあって、この頃は芸能人になりたい気持ちが強く、給食の時間には教卓の前で漫談をしてみなを笑わせている。だからBは、「好きな職業を選べる」が一押しなのだ。

しかしその直前、Bの親戚でもあるCの家族は結婚差別にあい、相手方の親族が誰も出席しない結婚式に参加している。だから、「何より差別されないことが重要だ」とCは言う。「そのために、まず安心して暮らせる屋根がいる」「いや、そうした法律をつくる議員を選べないとだめだ」といった真剣な議論が続く。自分の生活を語り、友だちの生活を見つめながら、「人権」について深く考えるとき、こうした議論ができる学級での子どもどうしのつながりと、ともに闘うなかまが大切なのである。

3 | 自分とのかかわりを意識した展開

❶一人の子どもに寄り添う人権学習

毎日のように報道され、切実で重要な課題である虐待を受けている（受けていた）子どもを中心に据えた実践例である。虐待と一口に言っても、個々のケースによって異なるし、緊急の救済が必要な場面に出合うこともめずらしくない。また、そうした子どもをクラスに迎えたとき、「この子がいるから、やりにくい」「今年はやめておこう」と考える単元や実践もあるだろう。ここでは、そうした生活や生い立ちを背負った子どもと向き合い、「この子がいるからこそ、やろう」とした生活科の実践を紹介する。

この実践は、入学当初から学校での生活に馴染めない様子のDの原因が、それまでに受けてきた児童虐待（面前DV）にあることがわかった2年生の教員によって取り組まれる。

はじめに

5月、Dの母が初めて家庭のしんどさを語ってくれた。「あの子を、人を信じられない子にしてしまった。これは私が一生をかけて償おうと思っています」。同じ時期にDの書いた作文である。「私はみなさんにごめいわくのようです、（中略）とくに大人の人は私をきらっている。きっ

第5章 人権学習をつくる視点と方法 **167**

と私がいなくなってほしいのかもしれない。私はとにかく生きつづけて
いいのだろうか。（中略）とにかく、なかまをつくりたい（後略）」。Dに
人を信じられるようになってほしい、Dが安心していられるクラスにし
たいと思った。

先生、本気でやり！

　Dは生き物が大好きで、家ではたくさんの生き物を飼っている。Dが
生き生きと活動し、その輝きでDへの周りの見方が変わればと思い、生
き物や生命をテーマに生活科の年間テーマを考えた。子どもたちは昆虫
や草花に夢中で、教室にはたくさんの生き物がいた。生き物の扱いに困
ると、決まってDがきらりと輝く意見を出し、周りの子どもたちもD
を認めるようになってきた。それでもDはグループ活動が苦手で途中で
辞めようとする。そんなDを、班のメンバーは粘り強く関わり支えてく
れた。

　2学期、牛をテーマに、牛と出会い、原皮に触れ、命に迫っていきた
い、そして、1年生での地域の太鼓集団との出会いから、大きな太鼓を
作れたらと考えた。そんなとき出会った皮革職人の方に、取組への思い
や迷いをぶつけてみた。すると、「先生は、子どもに何を伝えたいかが
大事なんやろ。先生やり。本気でやり！」と背中を押してくださり、太
鼓の皮の準備や胴の入手の手助け、学校に来ていただける約束もいただ
いた。

牛の命と太鼓

　牧場に行って本物の牛に出会った後、くらしの中の牛からなるものを
探してくる学習では、Dは一番に宿題を提出した。数日して、まだ毛の
ついている原皮が学校に届き、中庭に広げた。強いにおいの中、Dは顔
を近づけてにおいを嗅いでいた。毛抜きの日には、皮革職人の方が来て
くれ、職人さんが毛をこすり抜く技術に、「すごいなあ」「真っ白になっ
てきた！」と感動していた。Dは自分の体験の順番が済んでもその場を
離れず、ずっと仲間がする毛抜きを見ていた。

大きな板に釘で打ち付けて天日干しにした皮は、日を追うごとに固く、飴色になっていった。校内に取組の説明とお願いに行くときには、みんなドキドキしながら何度も練習し、Dは「行きたくない」と駄々をこねていたが、高学年から「くさいけど応援したるわ」と言ってもらい、うれしそうに教室に戻ってきた。太鼓に皮を張るときには、太鼓職人の方が力を貸してくださった。子どもたちは、張られるたびに変っていく響きを直に感じ、最後に自分たちで鋲を打って太鼓を完成させた。太鼓の名前は「きずなだいこ」。たくさんの人とのきずながあってできた太鼓だからという理由で、子どもたちが考え名付けた。

自分の命

3学期、「生教育」として人の命に関する学習を計画した。するとDの母は、「先生、なんでこんなことするん！」と涙を流して私に言った。自分の命の半分が父から得られたものだということを、再びDに触れさせたくないというのだ。私は、未だにDが自分を好きになれないなんて、絶対に間違っていること、この学習を通して、自分は自分であることをしっかりと見つめさせたいことを語った。Dの母も自分の生い立ちを語ってくれた。そして最後にはさわやかな顔で「先生、わかった。Dがどうなるかわからへんけど、やって」と言ってくれた。Dの母とつながることができたことを実感した。後日、Dは家でも荒れた様子はなく、「今日、命の勉強してん」とだけ話した。

おわりに

部落差別をはじめとするあらゆる理不尽なことに、子どもがではなく、自分が本気で挑戦しようとしたとき、自分を拓くことができ、人とつながることができるのだということが、はっきりとわかった。学年末、Dが私に牛の皮でペンダントを作ってくれた。家で作りながら「2年生みんなの思い出が詰まっているのが、牛の皮やねん」と話していたそうだ。

(大阪府内の小学校での実践より)

❷ESDと人権学習

　高学年や中学校では、地球規模の課題を、自分の生活や将来の生き方に結び付けて考えることが重要である。例えば、文部科学省の web ページ（http://www.esd-jpnatcom.mext.go.jp/about/index.html）では、ESD を以下のように紹介している。

　ESD は、Education for Sustainable Development の略で「持続可能な開発のための教育」と訳されています。現在、世界には、環境・貧困・人権・平和・開発といった様々な地球規模の課題があります。ESD とは、地球に存在する人間を含めた命ある生物が、遠い未来までその営みを続けていくために、これらの課題を自らの問題として捉え、一人ひとりが自分にできることを考え、実践していくこと（think globally, act locally）を身につけ、課題解決につながる価値観や行動を生み出し、持続可能な社会を創造していくことを目指す学習や活動です。つまり、ESD は持続可能な社会づくりの担い手を育む教育です。

　2011 年の東日本大震災での原子力発電所の事故によって、日本の発電のためのエネルギー源のうち、海外からの化石燃料の依存は、2010 年の62％から増加し、2014 年には 88％に上っている。当然、CO_2 排出量の増加は課題となり、地球の温暖化やそれに関連した異常気象も常態化している。各地での大雨などの災害の他、海面の上昇や砂漠化による水の枯渇に苦しむ人々もいる。

　他方では、昨今日本の学校で、すべての教室にクーラーを設置する代わりに夏季休業期間を短縮し、学力向上に努めようとする風潮が見られる。南北問題におけるこのような矛盾は、途上国の生存権までを侵害し、先進国と途上国との格差をはじめ、先進国内の諸格差の拡大も含め、貧困を背景にしたテロ活動を誘発しているとの指摘もある。

　こうした今日的な地球規模の人権問題の解決には、これまで私たちが歩んできた被差別・加差別の歴史や、それをのりこえた人々の共同や知恵、

現在でも人権問題の解消に向かっている人の姿から学ぶことが欠かせない。校区に部落がある学校はもとより、そうでない学校でも、保護者や地域には、人権を重視している今日的な民間企業に勤める人や、今、生活に困難を抱えている人、高齢者や障害者、妊婦さんやセクシュアル・マイノリティがいる。ESD を「身近なところから取り組むことにより、それらの課題の解決につながる新たな価値観や行動を生み出すこと、そしてそれによって持続可能な社会を創造していく」ような、人権学習の創造が急務であろう。

なお、ESD は今日、SDGs（Sustainable Development Goals：持続可能な開発目標）として、貧困、教育、ジェンダー、水、エネルギー、不平等、気候変動、平和などの 17 のゴール（目標）と、その下に 169 のターゲットを定め、「誰一人取り残さない」持続可能で多様性と包摂性のある社会の実現のため、2030 年を年限とする国際目標「持続可能な開発のための 2030 アジェンダ」（国連採択、2015 年）として課題解決への議論が進んでいる。今後、SDGs と関連した人権学習や総合学習のカリキュラム・デザインが期待される。

4 人権の理念をベースにした総合的な学習の創造

1998 年の学習指導要領改訂で創設された総合学習と人権学習には、大きく 2 つの方向性がある。

❶地域学習の継承と発展

おおむね 1990 年代までに充実してきた、「差別の現実から深く学ぶ」教育は、部落の暮らしや労働、地理や公共施設、産業や歴史などを内容にして、方法として、部落へのフィールドワークや部落の人からの聞き取り学習が行われ、「地域学習」と呼ばれた。学習の内容（例）は、

●1年生　家事労働と校区めぐり	●4年生　解放運動と公共施設
●2年生　賃労働と校区の仕事	●5年生　部落の産業・労働
●3年生　校区の今・昔	●6年生　部落史と校区の歴史

と、おおむね社会科での認識の広がりと深まりに添い、授業も社会科を中心に行われた。別に、国語科や道徳では、人権教育読本や投げ入れ教材を用いての反差別の学習、音楽科や図工科では、聞き取った内容を共同版画にしたり、各自で太鼓を作って表現をするといった具合に、教科横断的に人権課題を学んでいた。しかし、それらの実践は豊富であるがゆえに、カリキュラムの編成は相応に困難であった。そこで、横断的・総合的で、地域や子どもの実態・課題をテーマにした総合学習が、地域学習を継承・発展する時間として有効に活用されたのである。

　ただし、課題も表出する。例えば、それまでも行っていた平和学習や修学旅行、運動会などの特別活動や学校行事を、平和教育・集団づくりとして、総合学習として扱うような学校が散見されたのだ。学習指導要領では、現地で探究活動を行うことがカリキュラムに位置づいていれば、その部分の時数の総合学習でのカウントは可能だが、「子どもたちが日常生活や社会に目を向け、自ら課題を設定➡情報収集➡整理・分析➡まとめ・表現➡考えや課題の更新」という今日的な探究の学びのプロセスから遠いものであって、時間の流用が色濃いものであれば、それは総合学習とはいえないとしている。

　多くの大学生が総合学習を経験した世代になり、自身の経験した総合学習や人権学習のイメージを、「大好きな時間だった」「自分が調べたこと、出会った人は今でも覚えている」「今、私がここにいるのは総合学習があったからだ」などと好意的に回答する一方で、主体性と探究性を欠いた総合学習や人権学習には、「教師の決めた内容をやらされていた」「人権教育の押し付けだった」「教科の補充や行事に使われていた」などと、悪い印象を語る学生も散見される。「今日は人権学習をします」と言わなくても、子どもたちが主体的に人権課題を探究するような総合学習のデザイ

ンが望まれる。

❷新たな人権学習の内容・方法の創出

従来の地域学習をベースにした総合学習を改訂し、順序性と領域・内容を整理し直したものである。特徴として、子どもたちの主体性や探究性を前面に押し出した年間テーマ（タイトル）が設定されている場合が多い（永見・大岡・佐久間、21頁、2016年）。

●1年　じぶんがすき・ともだちがすき・がっこうがすき
●2年　まちへとび出せ！つながり発見ちょうさ隊！
●3年　ゆるキャラを創って町おこし
●4年　ゆめの町づくり〜みんなが笑顔で安心してくらせる町をつくろう〜
●5年　かがやきジョブ〜食肉のプロ・牛の匠のここがすごい！
●6年　みんな同じ12年　みんな違う12年〜一人ひとりを大切に〜
●中1　こちら何でもお助け課〜周りの人のために自分たちができること〜
●中2　町を一つにプロジェクト〜地域のこだわり、私のこだわり〜
●中3　これが私の生き方〜○○市と地球の再生プロジェクト〜

（大阪府内の小中学校の例）

このようなテーマの場合、扱う学習活動や学習対象は、自分自身、友だち、学校（施設・人）、家族などの身の回りの認識、地域で生活する人、公共施設、地域や日本の産業・労働、環境問題などの社会的課題、部落問題、障害者問題などの人権課題、SDGsなどの世界的な課題となり、例えば、部落問題や障害者問題、在日外国人問題などの各論を個別に学習していくような教育課程とは異なる。また、テーマは学校で伝統的に決められていたものではなく、毎年、その年の子どもたちの思いや願い、主体性などで更新されていく。しかし原則、子どもの発達による認識の広がりと深まりを逸脱しないものとなっていて、今日的な総合学習の内容・方法を、人権の理念や課題で構築したものといえる。

ただし、ここにも課題がある。一つは、子どもの主体性や教員の創造性の問題である。例えば、「防災マップづくり」が目的となり、通知票に

第5章　人権学習をつくる視点と方法　**173**

も「防災マップを作ることができる」などと印刷がされているような場合に、得てして、「備蓄食料」「車椅子」「非常用トイレ」「避難施設」が明記された防災マップの完成がゴールとなるような総合学習が散見される。そうではなく、もし「防災マップづくり」をきっかけ（導入）として年間の学習が計画されれば、子どもたちは東日本大震災から学び、災害弱者に気づき、地域での探究活動を行い、校区の高齢者や障害者などの存在に気づき、その人たちの安全や防災、暮らしの不安や願いを聞き取り、「すべての人が住みよいまちづくり」を考えるに至るような総合学習も想定される。その場合、災害弱者にとって一番必要な物は、実は「防災マップ」ではなく、差別のない、人とつながる、平和で温かいまちなのかもしれないし、そうしたまちを創造するのが総合学習のゴールとなる。またそれは、SDGsでの価値観でもある。

　もう一つの課題は、校種間連携である。小学校段階での総合的・横断的・探究的なカリキュラム・デザインが、中学校では、人権の各論を順に扱うような総合学習となりがちである。中学校には教科の専門性をもった教職員集団がある。そうした強みを活かして小学校の総合学習を発展させ、教科横断的に現代課題の解決をめざすといった総合学習の創造が期待される。幼児期における遊びを通した総合的な学びから始まり、中学校3年のゴールで、自分の生き方を考えることができるようになるまでの総合学習は、一人の子どもの成長のなかで、連続性と発展性をもった内容・方法であることが望ましい。そしてそれは、その子の進路保障なのである。

第6章 地域とつながる人権教育

はじめに

　第3章から第5章で述べてきたように、戦後の同和教育の実践は、仕事や家事のために学校に行けない被差別部落（以下、部落）の子どもたちの長欠・不就学の解消から始まった。教師たちは時に無力感にさいなまれながらも家庭訪問を繰り返し、子どもたちが学校に来られるようにする手だてを模索した。

　1960年代以降、子どもたちが学校に来られるようになると、同和教育の主要課題は、非行や「問題」行動の克服、学力の保障、就職差別の撤廃と進路の保障、部落問題学習を通じた人権意識の形成へと移行した。これらの課題克服に向けた実践は、部落の保護者組織、子ども会、青少年向け社会教育施設、生徒の進路先（高校や職場）、行政機関との連携のもとに取り組まれた。

　さらに時代がくだって、1990年代後半以後は、子どもたちが地域の多様な人権課題と出合い、自らの進路・生き方や社会とのかかわり方を考える「人権総合学習」の体系化が試みられるようになった。

　同和教育を源流とする人権教育の歩みを振り返ると、いつの時代も、家庭や地域との「つながり」のなかで実践が展開されてきたことに気づかされる。地域との連携は人権教育を進める方法であるが、それは人権教育の精神の具現化でもある。その精神とは「差別の現実から深く学び、生活を高め、未来を保障する教育を確立しよう」（全国人権教育研究協議会の大会スローガン）という精神である。差別や抑圧は、学校のなかにも学校の外にも存在する。子どもたちの過去の生育歴や現在の生活ばかりでなく、未来

の進路や生き方にも影響する。だから、人権教育は学校のなかで自己完結するわけにはいかなかった。人権教育が学校の外の社会（地域、家庭、職場など）とつながることは必然だった。

第6章では、人権教育における地域との「つながり」を、次のような観点から検討する。第一は、子どもの権利保障（第1章参照）の観点である。子どもの権利条約（政府訳は「児童の権利に関する条約」）の「生きる権利・育つ権利・守られる権利・参加する権利」を保障するためには学校外のさまざまな組織・専門機関との連携が必要である。ここでは、近年注目を集めているスクールソーシャルワークと人権教育の関係について考えたい。

第二は、人権教育の内容創造という観点である。人権教育は地域における差別の現実に学びながら内容創造に取り組んできた。その到達点が「人権総合学習」（第5章参照）であるが、ここでは、地域連携の現状をふまえて、地域とともに教育内容をつくりあげていくことの意義を改めて考えたい。

第三は、人権のまちづくりの観点である。子どもたちは学校の児童・生徒である以前に地域の住民である。学校を巣立ったあとも、住民としてあるいは保護者として、地域とのかかわりをもちつづける。そのような長期的視野から、人権のまちづくりに教育がどのように貢献できるのかを考えたい。

1 ｜ 子どもの権利保障

❶「子どもの権利条約」に見る子どもの人権

私が大学の授業で毎年のように視聴するテレビ番組がある。1962年にNHKで放送された『都会っ子』というドキュメンタリーである。この番組では「自由気ままに遊ぶことは子どもの権利だ」という趣旨のナレーションが何回か出てくる。この時代、子どもたちは新憲法と教育基本法のもとで「教育を受ける権利」を保障され、物的な欠乏からもほぼ解放されていたが、都市化に伴って遊びや自然体験・生活体験・社会体験の機会は失われつつあった。このような時代背景のもとで、「遊びは子どもの権利

だ」という主張は説得力をもったのだ。今、この種の番組を制作したなら、おそらく子どもに対する暴力（体罰・虐待・いじめ）や貧困・格差問題が子どもの権利侵害の象徴として取り上げられることだろう。時代が変われば子どもの権利に対するおとなの見方は変わっていく。

　今日、子どもの人権については、グローバルスタンダードというべき条約がある。「子どもの権利条約」である。この条約は国連で 1989 年に採択され、日本政府は 1994 年に批准した。後年策定された「人権教育のための国連 10 年」の国内行動計画でも、「子どもの人権」は、重点的に取り組むべき人権課題の一つとして取り上げられている。

　日本ユニセフ協会のホームページ（http://www.unicef.or.jp/about_unicef/about_rig.html）では、この条約を「子どもの基本的人権を国際的に保障するために定められた条約」と紹介し、子どもの権利を次の 4 本柱から説明している。

生きる権利：子どもたちは健康に生まれ、安全な水や十分な栄養を得て、健やかに成長する権利を持っています。

守られる権利：子どもたちは、あらゆる種類の差別や虐待、搾取から守られなければなりません。紛争下の子ども、障害をもつ子ども、少数民族の子どもなどは特別に守られる権利を持っています。

育つ権利：子どもたちは教育を受ける権利を持っています。また、休んだり遊んだりすること、様々な情報を得、自分の考えや信じることが守られることも、自分らしく成長するためにとても重要です。

参加する権利：子どもたちは、自分に関係のある事柄について自由に意見を表したり、集まってグループを作ったり、活動することができます。そのときには、家族や地域社会の一員としてルールを守って行動する義務があります。

　では、これらの子どもの権利は、学校とどのようにかかわっているのだろうか。敗戦直後の長期欠席・不就学は、「育つ」権利にかかわる教育問題である。この問題の背景には、貧困のなかで「生きる」権利や「守られる」権利が侵される生活実態が存在していた。今の学校も「生きる」権利

第 6 章　地域とつながる人権教育　**177**

や「守られる」権利の保障に深くかかわっている。就学援助や奨学金関係の事務を担当する事務職員、日々の健康管理や保健教育を担当する養護教諭、子どもの食を司る給食調理員、栄養士・栄養教諭は、「生きる」権利の保障に深くかかわる職種の人々である。教師による体罰やセクシュアルハラスメントの防止、いじめや児童虐待への対応は、子どもの「守られる」権利保障にかかわる取り組みである。

学校における「育つ」権利保障の中心的課題は学力と進路の保障である。就学の機会が形式的に保障されたとしても、家庭環境の厳しさによって子どもたちが十分に学ぶことができなければ、教育の機会均等は実質化したとはいえない。本人の能力や資質とは無関係の事柄による就職差別は、生活の糧を奪うだけでなく、人々の達成意欲を冷え込ませてしまう。だから、学校における学力・進路保障の実践は、子どもを差別や貧困から「守る」ための社会政策や社会運動と二人三脚で歩む必要があった。

学校における人権教育の最終目標は、自他の人権を守り育てる主体として社会に「参加する」ための行動力である。後述する人権総合学習は、それ自体が子どもの意見表明や自治的活動の機会であるが、成人市民として社会に参加し社会を担う力を身につける契機にもなっている。

以上、子どもの権利保障に学校がどのようにかかわっているのかを述べてきた。それをまとめると図1のようになる。学校の日々の教育活動は主に「育つ」権利の保障にかかわるが、「育つ」権利は「生きる」「守られる」「参加する」権利と有機的に結びついている。読者の多くは、特設の

図1　子どもの権利と学校の教育活動

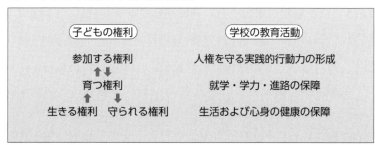

道徳、ホームルームなどの特別活動、総合的な学習の時間における人権に
かかわる教育活動を人権教育だと考えているだろう。だが、人権教育の裾
野はもっと広い。教師が人権教育として意識していない、人権教育の指導
計画で明示されていない取り組みも含めて、学校は子どもの権利保障にか
かわっている。その意味で、人権教育は、学校の教育条件や教育課程全体
を子どもの権利保障の観点からとらえ直すための視点ともいえる。

　子どもの権利保障において学校は重要な役目を担っている。だが、学校
の力だけで子どもの権利を十分に保障することはできない。

　日々、子どもたちの姿を注意深く見ている教師たちは、暮らしのなかで
子どもの権利が侵されていることに気がついている。家庭における不適切
な養育や児童虐待にどのように対応すればよいのか、来日したばかりで日
本語の能力が十分でない子どもや保護者とどのように関係をつくっていく
べきか、通学せず職にも就いていない「ニート」状態にある卒業生をどの
ように支援すべきか等々、心ある教師たちは思い悩んでいる。

　けれども、困難に直面した子どものために有効な支援策について、教師
は意外に知らない。大学の教職課程でも現職研修でも、児童・家庭福祉の
法、制度、実践について学ぶ機会はわずかだからである。いきおい、困難
を抱えた子どもに対する支援は、教師の「善意」や「熱意」に依存するこ
とになる。いや、それならまだましなほうだ。「教育以前」の問題として、
見て見ぬふりをされるかもしれない。

❷ 子どもの権利保障——スクールソーシャルワークの実践

　貧困、虐待・いじめなど、子どもの人権の危機が社会問題として取り上
げられるなか、教育関係者や児童・家庭福祉関係者の間で注目を浴びてい
るのが、学校を拠点としたソーシャルワーク（スクールソーシャルワーク＝
SSW）である。

　ソーシャルワークとは、生活上の困難に直面した人々を支援する活動の
ことである。ソーシャルワークに携わる人をソーシャルワーカーと呼ぶ。
ソーシャルワーカーは、市区町村の生活保護の窓口、病院、児童相談所、

高齢者の介護施設などに配置されてきた。貧困者、障害者、病気やけがをした人、家庭環境に恵まれない子ども、高齢者などの「社会的弱者」を支援するのが、伝統的なソーシャルワーカーの仕事である。

　このように説明すると、慈善事業を思い浮かべる人がいるかもしれない。だが、ソーシャルワークと慈善事業は似て非なるものである。「気の毒な人」や「可哀想な人」を助けてあげるのではなく、個人の直面する問題を社会的な問題としてとらえ、当事者とともに問題の解決を図るというのがソーシャルワークの基本的な考え方である。

　ソーシャルワーカーの国際組織である国際ソーシャルワーカー連盟（IFSW）と国際ソーシャルワーク学校連盟（IASSW）は、ソーシャルワークを次のように定義している。なお、以下の訳文は、日本社会福祉教育学校連盟と社会福祉専門職団体協議会（2014年）によるものである。

　ソーシャルワークは、社会変革と社会開発、社会的結束（social cohesion）、および人々のエンパワメントと解放を促進する、実践に基づいた専門職であり学問である。社会正義、人権、集団的責任（collective responsibility）、および多様性尊重の諸原理は、ソーシャルワークの中核をなす。ソーシャルワークの理論、社会科学、人文学、および地域・民族固有の知を基盤として、ソーシャルワークは、生活課題に取り組みウェルビーイングを高めるよう、人々やさまざまな構造に働きかける。

　直訳調で少しわかりにくいかもしれない。筆者なりに言いかえてみよう。まず、ソーシャルワークの根底には、社会正義、人権、コミュニティの成員として他者を尊重し助け合う責任（集団的責任）、他者に対する寛容と敬意（多様性尊重）といった理念がある。ソーシャルワークの目的とは、これらの理念に基づき、困難に陥った人々が無力感や孤立感をのりこえることを励まし（エンパワメント）、物心ともに欠乏や不安から解き放たれて幸せに暮らせるようにすること（ウェルビーイング）である。

　ソーシャルワークの実践は、次頁の**図2**のような体系からなる（日本学校ソーシャルワーク学会、80頁、2008年）。第一に、当事者個人や当事者グ

ループへの支援（ミクロレベル）、第二に、当事者と当事者を取り巻く環境の関係に介入して支援システムを構築すること（メゾレベル）、第三に、法律、制度、慣習などを変えるための社会への働きかけ（マクロレベル）である。

海外のスクールソーシャルワークの理論と実践やウェルビーイングの概念が日本で知られるようになったのは、そう昔のことではなく、子どもの権利条約が批准された頃である。初めの頃は、不登校、いじめ、「学級崩壊」をはじめとする教育問題の解決という文脈から、スクールソーシャルワークは注目を集めた（日本ソーシャルワーク協会、2003年）。その後、文部科学省が「スクールソーシャルワーカー活用事業」を開始し（2008年）、いじめ防止対策推進法と子どもの貧困対策推進法ができ（2013年）、多様化・複雑化する教育課題への対応の在り方について中教審答申が「チームとしての学校」という考えを打ち出すに至って（2015年）、スクールソーシャルワーカーを学校に配置・派遣する自治体は増えつつある。

スクールソーシャルワーカーが配置・派遣されるようになったのはつい最近のことだが、スクールソーシャルワークの実践には長い歴史がある。スクールソーシャルワークは、児童養護施設に暮らす子ども、高校非進学・中退者、貧困家庭の子どもなど、「教育と福祉の谷間」にあるといわれる子どもたちに対する支援として、半世紀以上前から行われてきた。最

図2　ソーシャルワーク実践の体系図

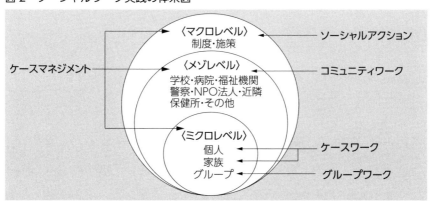

も早い時期の例として知られているのは、第3章で紹介した「福祉教員」の実践であるが、その他にも、大阪の日雇い労働者のまち「あいりん地区」で戸籍や住民票のない子どもたちの生活支援と就学保障に取り組んだ「あいりん学園（あいりん小・中学校）」の実践や、部落の子どもたちの長期欠席や「荒れ」に対応すべく設けられた京都の「生徒福祉課」の取り組みなどが知られている。

今後は、これら過去の取り組みに学びながら、福祉と教育の結びつきの理論、教師と教師以外の専門職とのチームワークによる子ども・家庭支援の在り方、当事者のエンパワメントの道筋などについて、理論的・実践的に明らかにしていく必要がある。

❸個人の問題を社会関係のなかでとらえる
——エコロジカルな視点

本章の冒頭で述べたように、同和教育・人権教育のなかで大切にされてきた原則の一つに「差別の現実から深く学ぶ」ということがある。本書の編者でもある森は、この言葉の意味を次のようにまとめている。第一に「差別を観念的にとらえるのではなく厳しい生活のなかにとらえる」こと、第二に「差別の影響を最も厳しく被っている子どもを中心に据え、生活をつづることを大切にしながら、その子どもたちの願いを土台に仲間づくりを進めるべきこと」、第三に「厳しい生活のなかに差別を見て取るならば、その現実を変えるべく社会を変えていこうとすること」、第四に「教職員が、現実とふれあうなかで、一人の人間として、また教職員として自己変革を遂げるべきこと」、そして最後に「『現実から学んだ』ことがらを教員が学習内容として創造し結実させていくべきこと」である（森、153〜154頁、2002年）。

同和教育・人権教育の精神と方法にはソーシャルワークと共通する面が多い。それは、第一に、当事者の直面する困難を周囲の人々との社会関係や社会的な背景のもとでとらえること（エコロジカルな視点）、第二に、社会的「弱者」と見なされがちな当事者の「強さ」を引き出すこと（エンパワメントの重視）、第三に、当事者支援の活動が権利実現・権利擁護の社会

運動とつながること（アドボカシーとの結びつき）である。
　以下、教育とソーシャルワークの用語や概念の違いを押さえたうえで、ソーシャルワークの視点から同和教育・人権教育の意義を読み解いてみよう。
　ソーシャルワークでは、生態学的な（エコロジカル）視点ということがいわれる。生態学では、生物同士や生物と環境の関係の全体を生態系（エコシステム）と呼ぶ。生態学的な視点とは、人の暮らしが他者や社会環境・生活環境とのかかわり合いのなかで営まれていると見立てることである。このように暮らしをとらえるならば、個人の直面する問題を解決するためには、個人と周りの人たちの関係を編み直したり、問題解決に役立ちそうな組織・制度・施設（これらを社会資源と呼ぶ）と個人をつなげたりするこ

図3　エコマップの例

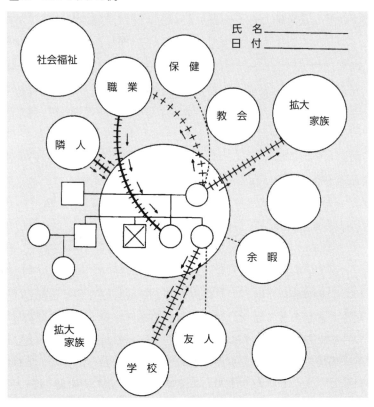

第6章　地域とつながる人権教育

とが必要になってくる。このように個人と環境の関係に働きかけて状況の改善をはかることを介入（インターベンション）という。

　人権教育に熱心に取り組んでいるある小学校で、こんな場面に出くわしたことがある。休み時間に子どもたちの間でけんかが起きたらしく、授業時間をつぶして教師がその仲裁にあたっていた。その教師は、けんかの当事者と周りにいた子どもたちから、けんかのなかで発せられた言葉やそれを聞いたときの気持ちを聞き取りながら、子どもたちの関係を黒板に図示していき、もめごとがこじれてしまった理由をみなで考えるように仕向けていった。面白いことに、教師が黒板に描いた図は、ケースワークで用いられるエコマップ（183 頁の図 3）（日本スクールソーシャルワーク学会、124 頁、2008 年）にとても似ていた。

　その小学校の教師たちは、けんかを当事者同士の問題としてではなく、当事者を含む学級集団全体の問題としてとらえ、成員みなで解決をはかっていこうとしていた。教師が黒板に描いた人間関係の図とエコマップが似ていたのは偶然ではなかった。2 つの図が似ていたのは、その教師が、集団づくりと個の成長を表裏一体のものとしてとらえ、子ども一人ひとりの成長を周囲の子どもとの関係のなかで促そうとしていたからである。

　子どもの直面する困難は、教室の外の要因から生じていることが多く、複数の困難が絡み合っていることもある。そのような場合、学校外から提供しうる社会資源と子ども・家族をつなげる必要がでてくる。数年前、ある中学校で特別支援教育を担当していた教師は、「障害」のある生徒の支援について、筆者に次のように説明してくれた。

　この子はまず生活をしっかりしないと、ということであれば、（市役所の）生活保護担当と連携して、家庭支援をそっちからしていただく。学校は学校で自立できるように学習支援をしようとか。この子は発達検査してもらった方がいいんちがうかっていうんやったら、保護者にも勧めて市立病院とつなげるとか。だから、いろんな力を借りる、他機関とつながるということはあります。市立病院や（不登校の児童・生徒の適応

指導教室がある）教育研究所にも学校から出向いて。保護者と一緒に病院に行くことも多いです。

「貧困」「学力不振」「障害」「不登校」などの困難は絡まり合っていることが多い。だからこの教師は、子どもの直面する困難を要素分解的に把握するのではなく、「障害」の面からだけ子どもを見るのではなく、子どもの生活全体をホリスティックにとらえ、子どもとその家族をさまざまな社会資源につなげようとしていたのである。この取り組みは、ソーシャルワークの用語でいうケースワークにほかならない。こうした子ども・家庭支援を積み重ねていくうちに、学校内外の人々が子どもを中心につながった支援のシステムがつくられていくのである。

❹社会を変える・当事者を変える──アドボカシーとエンパワメント

2000年代の初め頃まで、多くの部落では、「教育保護者会」が盛んに活動をしていた。この活動は同和対策事業の終結に伴って勢いを失い、多くの組織が解散してしまったが、子どもの居場所づくり・「子ども食堂」・地域における学習支援など、形を変えて活動が続いている例は少なくない。

保護者会の活動には2つの側面があった。第一に、学校への教職員加配や地域における社会教育施設の充実など、教育条件整備を求めることである。第二には、子育てや教育について相互交流を図り、互いの悩みを共有してともに解決の方策を考える活動である。前者は「外」に向けての要求運動、後者は「内」なる課題に取り組む自己教育運動である（髙田、2008年）。

ソーシャルワークでは、困難を抱えている人々が権利擁護・権利実現のために社会に働きかけたり政策を提言したりする活動をアドボカシーと呼ぶ。アドボカシーの主体はあくまで当事者だが、それはしばしば声の上げられない人々の「代弁」として行われる。例えば義務教育教科書の無償化を求める運動は、子どもの教育を受ける権利を守るためのアドボカシーであった。子どものために充実した教育環境を求める保護者会の運動も、アドボカシーである。そうした運動の積み重ねの先に、同和対策のための法

律や特別対策事業が実現されていったのである。

　だが、そうした外向けの運動以上に重要だったのは、日々の子育てや教育に向き合う運動だった。部落の保護者には、子ども時代に十分に親とのかかわりをもてなかったため、子育てに戸惑い、思い悩む人が少なくなかった。保護者会の活動は、そうした親たちが抱えていた子育ての悩みを共有し、みなで知恵を出し合い、解決をはかる機会を提供していた。

　困難に直面した当事者が集い、助け合い、ともに問題解決をめざす活動をセルフヘルプという。一人ひとりが体験を語り合い、一人の抱えていた問題がみんなの問題でもあることを悟ること、自己肯定感を回復したり問題解決の手がかりを得たりすること、さらに問題の社会的な広がりを認識し、問題を生み出す社会の制度や価値を変えようとする活動がセルフヘルプである。教育保護者組織の参加者のなかには、そうしたセルフヘルプの活動を通して、エンパワメントを実現していった人もある。

　筆者は、以前、大阪のいくつかの地域で教育保護者会に関する聞き取り調査を行ったことがある。そのときに出会ったある女性のことは今も忘れられない。ここでは仮にＡさんとする。彼女は1980年代にある地域の保護者会の中心メンバーとして活躍した。Ａさんの住む地域では、当時、子ども会や学校で保護者や地域住民からの聞き取りを行っていたが、それに先立って教師たちは必ず家庭訪問をして保護者と話し合っていた。話し合いの際にある教師が発した言葉を、Ａさんは次のように振り返った。

　「ああ、お父さんは免許を取りに行くことが差別との闘いやってんね」て（先生に）言われて、ハッとした。父親は学校にも行かんと大きうなった人で、ゴミとりの仕事のために車の免許をとらなあかんようになった。私は、自分の父親を、博打をするし、仕事やれへんし、お母ちゃん叩くし、酒飲んだらひどいしとしか見てなくって。生まれて初めて、赤の他人から自分の父親を褒められて、私、びっくりして。ああ、そんな見方もあんねんなと。私は父親のあかんとこばかり見てたけど、「お父さん、頑張りはったんやな」と言われて、それがすっごい嬉しくて。

186

その後、Aさんは、自分の父親のことを子どもたちに話せるようになった。それは父親の暮らしのなかに潜んでいたくましさや頑張りにAさんが気づき、父親への嫌悪を拭い去ることができたからである。その後、Aさんは、保護者会の活動を通して、自分と同じように「親を否定しながら生きていく寂しさ」（Aさん）を抱えてきた他の保護者を変えていくことになる。

抑圧や貧困のなかで生きている「社会的弱者」は、時に、自己否定的な感情を強くもたされることがある。それは「強者」が「弱者」に抱くイメージを内面化してしまうからである。「弱者」と見なされてきた人々のなかに隠れていた「強さ」を見つけていくのがエンパワメントである。この事例の場合、エンパワメントは、最初は教師によって、後に当事者のセルフヘルプ活動を通して実現されていった。

2 ｜ 人権教育の内容創造

❶地域教材から人権総合学習へ

校区に部落のある学校では、1970年代から、被差別の体験、自らの生い立ちや子どもに対する期待、人権確立のための取り組みなどについて、地域住民や保護者に聞き取りをしたり、地域でフィールドワークを行ったりする学習活動が展開された。こうした学習を積み重ねていくうちに、「地域教材」と呼ばれるオリジナルの学習資料・教材や、学校の人権学習に協力する保護者・住民のグループが生まれていった。

学習指導要領においては、人権教育に明確な位置づけはない。教師たちは、地域や家庭に赴いて子どもとその親の暮らしに出合い、人権教育の内容を一からつくりあげていくしかなかった。各校の「地域教材」や実践記録を翻案したり、子どもの作文・詩を集めたりして、人権学習の副読本を編集・出版した自治体もあった。大阪の『にんげん』（財団法人解放教育研究所、1986年）はその代表例である。

第6章　地域とつながる人権教育　**187**

しかし、地域と連携した人権教育は、校区に部落がない学校にはなかなか広がっていかなかった。それは「寝た子を起こすな」（第2章参照）の考えをもった教師や保護者が少なくなかったためである。この考えは、今なお人権教育を進めるうえでの最大の障壁である。熱心に地域連携に取り組んでいた学校でも、いったんできあがった「地域教材」の内容が児童・生徒の意識の変化に追いついていけなかったり、教師のつくりあげた被差別者像が実像からかけ離れたものになってしまったり、差別の厳しさを一面的に強調する内容が部落問題に対する忌避感情を児童・生徒にもたらすこともあった。

　「人権総合学習」（第5章参照）の提唱は、そうした人権学習の行き詰まりを打開する変化をもたらした。一つめの変化は、取り上げられる人権課題が多様になったことである。1997年にできた「人権教育のための国連10年」の国内行動計画には、重点的に取り組むべき人権課題として「女性、子ども、高齢者、障害者、同和問題、アイヌの人々、外国人、HIV感染者等、刑を終えて出所した人」があげられた。このような枠組みができて、どんな学校でも、地域の特色に即し、人権学習を展開する可能性が広がった。

　もっとも、さまざまな人権課題を並列的に学ぶだけでは、学習は上滑りに終わる。ある人権課題について加害者だった人が別の課題については被害者になったり、一人の人が複数の差別を受けることはよくある。だから、差別・被差別という関係を固定的に考えるのではなく、差別の重層性や複合性をとらえることが必要である。このような学習を通して、子どもたちは社会における自分の位置について考えたり、さまざまな差別に共通する概念について理解を深めたりするのである。

　「人権総合学習」が人権学習にもたらした二つめの変化は、地域住民や保護者の参加が盛んになり、教師とともに人権学習をつくっていく人々が生まれたことである。総合的な学習の時間において重視された体験学習・体験活動は、教師以外のおとなたちが、子どもの学習にじかにかかわる機会を格段に増やした。

　ちょうど総合的な学習の時間が始まった頃、筆者はある小学校で人権総

合学習の実践を調査する機会に恵まれた。そこで出会ったある障害者は、あるとき、私にこんなことを言った。「私にとって、総合学習は社会貢献なんです」と。この人は、自分が学校にかかわるのは、子どもたちに障害者が地域の一員として暮らしていることを実感してほしいからだとも語ってくれた。住民は住民なりに子どもたちへの願いをもっている。それらを大切にすることで、人権学習の内容はより豊かになっていくのである。

❷地域との連携の現状──全国調査より

　人権教育における地域連携は、全国的にはどのような状況にあるのだろうか。ここでは、文部科学省が最近行った「人権教育の推進に関する取組状況の調査」から、地域や家庭との連携にかかわる調査の結果を紹介したい。この調査の対象は都道府県・市区町村教育委員会と公立小学校・中学校・高等学校・特別支援学校で、教育委員会については悉皆で、学校については全国から約5％を抽出して、2012年度に調査が行われた。なお、ほとんど同じ内容の調査は2008年度にも行われている（人権教育の指導方法等に関する調査研究会議、2013年）。以下、2008年と2012年の調査結果を比べて、人権学習における地域連携の変化をさぐってみよう。

　まず、地域や家庭との連携（問10）についての回答である。報告書は、地域の人々から話を聞いたり地域の人々に学習成果を発表したりする取り組みや、保護者や地域の人々と人権教育について懇談・意見交換する機会が減っていることを指摘している。前者は41.1％から37.7％、後者は50.2％から46.5％への減少である（数字は公立学校全体。以下同じ）。学習教材（問19）についてはどうか。「イ　外部講師の講話やふれあいの教材化」の回答は横ばいだが、「ア　地域の教材化」は30.6％から24.4％への減少、「エ　保護者や地域関係者とともに作る教材の活用」は、2008年度は7.2％、2012年度は6.6％と低調なままである（図4）。全体としてみると、地域との連携は停滞あるいは退潮の傾向にあるといわざるをえない。

　では、教室では、どのような内容の指導が行われているのだろうか。この調査は「人権教育の指導方法等の在り方について［第三次とりまとめ］」

図4 人権教育の教材

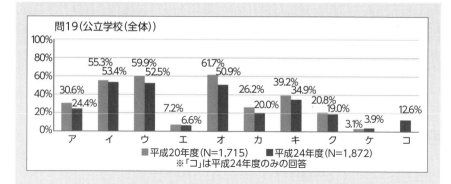

問19 貴校では、人権教育の教材の選定・開発にかかる取組として、どのような取組を実施していますか。次のア〜ケのうち当てはまるもの全てについて、回答様式にてお答えください。

　ア　地域の教材化（地域におけるフィールドワークとの関連を図りながら、地域の歴史や産業などを取り上げ、教材化するもの）
　イ　外部講師の講話やふれあいの教材化（人権課題に直接関わる人を、外部講師として招いて講話を聞いたり、直接その人と触れ合ったりして、そこから学ぶもの）
　ウ　生命の大切さに関する教材の教材化（例えば、救命活動に携わる人の体験談の教材化、自分や自分以外の赤ちゃんの誕生の記録の教材化、妊娠中の女性による講話の教材化など）
　エ　保護者や地域関係者とともに作る教材の活用
　オ　視聴覚教材など児童生徒の感性に訴える教材の活用（例えば、人権劇、映画・ビデオ、読み物資料を視聴覚教材として再編集したものなど）
　カ　小説、詩、歌などの作品の教材化
　キ　同世代の児童生徒の作品の教材化（例えば人権作文・人権標語・人権ポスターなど、児童生徒が作成した作品を用いて学ぶもの）
　ク　歴史的事象の教材化
　ケ　その他
　コ　特に行っていない

図5 人権教育の指導内容

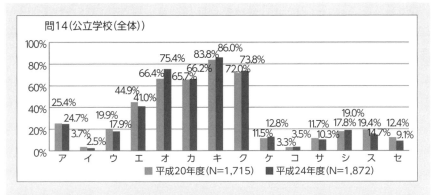

問14 貴校では、人権教育の指導内容として、どのような資質・能力を身に付けさせることに力を入れていますか。次のア～セのうち特に力を入れているものを、回答様式にてお答えください。

ア 自由、責任、正義、個人の尊厳、権利、義務などの諸概念についての知識
イ 人権に関する国内法や条約等に関する知識
ウ 人権発展の歴史や人権侵害の現状等についての知識
エ 人権の観点から自己自身の行為に責任を負う意志や態度
オ 自己についての肯定的態度（自尊感情など）
カ 適切な自己表現等を可能とするコミュニケーション技能
キ 自他の違いを認め、尊重する意識、多様性に対する肯定的態度
ク 他者の痛みや感情を共感的に受容できるための想像力や感受性
ケ 人間関係のゆがみ、ステレオタイプ、偏見、差別を見極める技能
コ 合理的・分析的に思考し、公平で均衡のとれた結論に到達する技能
サ 対立的問題に対しても、双方にとってプラスとなる解決法を見出すことのできるような建設的な問題解決技能
シ 自他の人権を擁護し、人権侵害を予防・解決するために必要な実践的知識
ス 自己の周囲、具体的な場面において、人権侵害を受けている人を支援しようとする意欲・態度
セ 正義、自由、平等などの理念の実現、社会の発達に主体的に関与しようとする意欲・態度

（序論参照）の枠組みに則って「知識的側面」「価値的・態度的側面」「技能的側面」ごとにいくつか設問項目を設けたうえで「特に力を入れている」指導内容を問うている（問14）。回答結果からは、学校の人権教育が「価値的・態度的側面」（質問項目エ、オ、キ、ス、セ）に偏っていることがうかがえる（図5）。

　もし仮に地域との連携が低調なまま、知識やスキルの学習と切り離された態度や価値が強調されるようなことになれば、人権教育は現実との接点を欠いた「建前」や「きれい事」の注入に変質してしまう。そうなれば、人権教育は、「人権総合学習」以前の状態に逆戻りである。

3 ｜ 人権のまちづくり

❶教育コミュニティづくり

　「普遍的な人権文化の構築」というフレーズを聞いたことがあるだろうか。これは、「人権教育のための国連10年」の行動計画で人権教育の目的として掲げられた「building of a universal culture of human rights」の和訳である。「差別に反対する、差別をなくす」という否定形よりも「人権文化を構築する」という肯定形のほうが前向きな印象を与えるからだろうか、このフレーズは、特に行政の文書でよく使われるようになってきた。もっとも、国連は、「普遍的な人権文化」を厳密には定義していない。国内でもその意味について合意があるわけではない。

　文化とは、ある社会で共有されている価値、知識や技術、生活様式の全体をさす。人権文化の構築とは、人間であるかぎりは誰にも保障されるべき（つまり普遍的な）人権を、物の見方・考え方や制度・習慣のなかに根づかせるということだ。そのためには、人々が「当たり前」のものとして受け入れている価値や習慣や制度を批判的にとらえ直す必要がある。以下で紹介する教育コミュニティづくりは、地域社会における人権文化の構築にかかわる取り組みの例である。

今から十数年前、総合的な学習の時間が始まる直前、大阪府の社会教育委員会議は、学校と地域の結びつきを深め、学校を含む校区全体の教育力を高めることをめざす「教育コミュニティ」づくりを提言した。

> 　教育コミュニティとは、地域社会の共有財産である学校を核とし、地域社会のなかで、さまざまな人々が継続的に子どもにかかわるシステムをつくり、学校教育活動や地域活動に参加することで、子どもの健全な成長発達を促していこうとするものである。かつての地縁的コミュニティにかわり、または付加的に、少子高齢化等がすすむ新しい時代のコミュニティとして、地域社会の教育力の向上、並びに学校、家庭、地域社会の協働化をめざすものである。　　　　　（大阪府社会教育委員会議、1999年）

　この提言がなされた頃の日本では、子どもが犯罪に巻きこまれる事件、学校内外でのいじめ、非行・問題行動、不登校、子育て不安や児童虐待などが社会問題化していた。「生きる力」を育むとする教育改革、学校完全五日制への移行や総合的な学習の時間の新設、学校運営への住民参加を促す学校評議員制度などは、こうした問題への対応策として登場した。「開かれた学校」づくりと地域と家庭と学校の連携の気運は大いに高まっていたのである。当時、社会教育委員会議の議長を務めていた池田寛は、教育コミュニティづくりの在り方を次のように説明している。

> 　教育コミュニティづくりを進めていくのは、教師、地域住民、保護者、そして行政関係者やNPOの人々である。これらの人々が、「ともに頭を寄せ合い子どもたちのことを考え、いっしょに汗を流しながらさまざまな活動に取り組むこと」が教育コミュニティづくりのかたちであり、「ともに集う場」「共通の課題」「力を合わせて取り組む活動」がその基本的要素である。
> 　教育コミュニティの考え方が従来の教育活動や地域活動とちがう点は、学校（ここには幼稚園や保育所も含まれる）が特に重要な場所となるという

第6章　地域とつながる人権教育　193

ことである。学校という場が協働をつくりだしていく主要な場となるのである。学校がともに集う場を提供し、教育についての課題を提供し、協働活動が展開される場を提供する。　　　　　　　　（池田、12頁、2005年）

　学校が機会や場を提供する「協働活動」にはさまざまな形がありうる。人権総合学習の内容創造はその一つである。その他にも、教育環境整備や教育活動支援のボランティア、放課後や土曜日の遊び、地域スポーツ・レクリエーション、子育てについての異世代交流、通学・帰宅時の見守り活動、地域における子どもボランティアの活動等々、多彩な活動が展開された（髙田、2005年、2007年）。

　今の地域には、差別や排除・分断の状況が存在している。部落差別や在日外国人差別は人々の暮らす身近な地域で起きている。一人暮らしの高齢者や障害者が地域で生活していくのは大変なことだ。古くからの住民と新しい住民の間に目に見えない壁があることは少なくない。生活や子育てに困った家庭が孤立したり、「問題」行動に走る子どもに冷たい目が向けられたりすることもある。地域との「協働」はそうした地域を変えていく運動でもある。「見ると聞くとは大違い」というが、顔と名前の一致するパーソナルな関係の積み重ねは、異質な他者に対する予断や偏見を克服する土台になっていく。教育コミュニティづくりに参加してきたある住民は、あるとき、筆者に次のように語ってくれた。

　今までは何も知らんと、風評みたいな言い方で同和地区イコール悪いとこやいうのがあったけど、いろんな交流をはかれるから、もう横の関係ですわ。同和地区うんぬん関係なしに。みんな仲間やでという動きの中でやっているんで、もうそういう声が全くあがりません、あがってない。そら、僕らの親の世代はまだまだいろんな意味でいろんなこと思ってはる。でも、今、僕らの世代以下については、そういう声は、最近、ほんまに聞きませんねえ。

教育コミュニティづくりは世代を超えた活動である。教育コミュニティ

づくりが提唱されてから20年ほどになる。活動が始まった頃の子どもたちは成人になっている。子どもたちは、成長後、保護者・地域住民として、地域や学校の活動にどのようにかかわっているだろうか。読者のなかにも、地域でさまざまな人々と交流した体験をもっている人がいるかもしれない。当時の記憶は、今のあなたにどのように影響しているだろうか。

❷地域における人々のつながり

2013年に「子どもの貧困対策推進法」が制定された。その翌年に閣議決定された子どもの貧困対策の「大綱」は、貧困対策を「教育支援」「生活支援」「保護者に対する就労支援」「経済的支援」の4本柱で進めるとし、教育支援の具体策の筆頭に「学校教育における学力保障」をあげている。私たちの身近でも教育支援や生活支援の一環として、教科学習の支援や「子ども食堂」が行われるようになってきた。補助金や助成金が増えていることもあって、地域におけるこれらの取り組みは「ブーム」といってもよいほどである。

だが、この「ブーム」にはいくつもの懸念がある。第一には、善意が公的な施策の肩代わりをさせられかねないことである。「子ども食堂」への助成以前に必要なのは、学校での完全給食の実施である。地域における学習支援は、学校での学習指導と結びつかなければ、大きな効果を期待できない。第二には、当事者への否定的な影響である。人々の善意は一概に否定すべきではないが、それは時に「憐れみ」に絡めとられ、かえって当事者の自尊感情を損なうこともある。第三の懸念は、「逆差別」の問題である。取り組みの対象を貧困家庭に絞れば、必要なところに必要な施策を届ける効果が期待できるが、当事者への差別意識を助長したり、貧困の瀬戸際にある人々の不満を誘発する恐れがある。生活保護世帯へのバッシングや「給食費を払わない」親への批判を思い起こしてほしい。

課題は山積みだとはいえ、地域における貧困対策には独自の意義がある。それは地域における人と人とのつながりをつくりだすことである。個人は大きな社会と直接につながっているわけではない。家族・親族、地域

社会、職場、学校など、個人と社会の間にある集団（社会学では中間集団と呼ぶ）に属し、そこで自己の存在を認められて生きていく。それらの集団から排除されることを社会的排除（social exclusiotn）という。地域社会での孤立は、健康を害し、時に孤独死につながることさえある。中退は学友とのつながりを失うことを意味する。失業は職場の人々とのつながりを失うことを意味する。貧困によって学校に行けなかったり仕事につけなかったり友だちづきあいに支障をきたしたりすることもある。「貧困」概念は物的な欠乏に焦点をあて、「社会的排除」概念は社会関係の喪失に焦点をあてるという違いがあるが、貧困と社会的排除は互いに原因となり結果となって人々の暮らしを圧迫している（岩田、2008年）。だから、地域における貧困対策にも、地域で人々のつながりを回復し、中間集団としての地域を活性化するための工夫が必要である。

　一つの例を紹介しよう。「地域通貨」を地域づくりに活かしている例である。地域通貨というのは、特定の地域で通用する仮想的なお金のことである。サービスを他者に提供したとき、その人はサービスの対価として地域通貨を受け取る。受け取った通貨は、今度は自分が誰かの助けを必要とするときに使うことができる。これが地域通貨の仕組みである。

　ある地域では、おとなだけでなく子どもも、地域通貨を稼ぎ、使うことができるようにした。子どもたちは地域でのボランティアや地域行事への参加によって地域通貨を受け取り、地域通貨を元手にして地域で自分のやりたいことを実現していくのだ。この地域には「子ども食堂」があるが、食事代は地域通貨で支払うことになっている。このとき、無料で供される食事は「恩恵」ではなく子どもが社会に参加し誰かの役に立つことをして得た「報酬」という意味をもつことになる。地域通貨は、当事者に対する負のレッテル貼り（スティグマ）を回避しつつ、当事者の社会参加を促し、人と人との関係を豊かにし、地域における社会的排除を克服していくのである。

人権教育の現代的課題

1 | 国際的な人権教育の展開

　国際的に人権教育（human rights education）という概念が使われるようになったのは、1970年代のヨーロッパにおいてである。国境を越えて共通する教育を展開するというとき、第二次世界大戦で戦場となったヨーロッパでは人権の重要性が再確認され、それを子どもたちに伝えることの大切さが再確認された。また、経済協力や政治的連携など、ヨーロッパでは国境を越えた活動が展開されていきつつあった。国境を越えて大切にされるべき価値観や行動というとき、第一にあがったのが人権だったということである。

　国際連合では1980年代になって人権教育という概念が正面に出ることになった。それまでは「人権の教授」（teaching of human rights）という概念が用いられていた。それに代わって人権教育（human rights education）という概念が正面から語られるようになったのである。序論でも述べたとおり、ここには、単に人権について教える（education on/about human rights）だけではなく、人権に満ちた環境や方法を用いて（education in/through human rights）、教育をすべての人に保障すること自体が人権だという考え方で（education as human rights）、社会が人権に満ちた場となることをめざして行動力を育む教育が必要だ（education for human rights）という問題意識が込められている。

　1993年にウィーンで世界人権会議が開かれた。この会議で、人権教育と国内人権機関の必要性が語られた。1990年までに国連の主導により20

第7章　人権教育の現代的課題　197

を超える人権条約が採択され、それらを多くの国々が批准していた。それらをいかに実効性あるものとするかが問われていたのである。人権は何よりも政府を規制し、縛るものである。放っておいて人権を守るほど、政府は人権に前向きではない。もしも諸国民がこのようなことを認識しておらず、自分たちの政府が国際的に人権保障を約束していると知らなかったら、せっかくの人権が意味をなさないことになってしまう。だから、国民が人権をきちんと知る必要がある。これが人権教育である。同様に、政府から独立した独自な国内人権機関がなければ、人権侵害の被害にあった市民はなかなか守れない。そこで、この二つを重要な柱として取り組むことが、国際的な目標として提起されたのである。

　世界人権会議の提起を受け、国連は1995年からの10年間を「人権教育のための国連10年」と定めた。これを機会に、各国では人権教育を推進する政策に力を入れ始めた。日本もその例外ではない。2000年には人権教育・啓発推進法を制定し、2002年にはその法律に基づいて人権教育・啓発に関する基本計画を策定した。2003年からはその基本計画に基づいて「人権教育の指導方法等の在り方に関する調査研究会議」を設けた。

　2004年にこの「10年」は終了したが、その後も国連は「人権教育のための世界計画」を提唱した。その第1フェーズ（段階）は2005〜2009年である。ここでは、初等・中等教育における人権教育を充実させることに力を入れた。第2フェーズは2010〜2014年である。ここでは、司法や警察など法執行関係者と、教員研修と高等教育における人権教育に力を入れた。第3フェーズは2015〜2019年である。ここでは、マスメディアにおける人権研修の重要性を位置づけた。第2・3フェーズは、第1フェーズと対立するものではない。第1フェーズで重視された初等・中等教育における人権教育の追求は最後のフェーズまで続くのである。

　人権教育関連の国連の動きで重要な一つの特徴は、教育方法論にまで言及していることである。国連では、参加や協力を通して学ぶべきことを提唱してきた。人権教育には、参加・体験型の教育がふさわしいとしたのである。

　いま一つの特徴は、人権だけではなく、環境問題や南北問題などと連動

させて取り組んでいることである。2003〜2012年は「国連識字の10年」であり、2005〜2014年は「持続可能な開発のための教育の10年」である。2000〜2015年のあいだには「ミレニアム開発目標」（MDGs）が追求された。2016〜2030年のあいだには「持続可能な開発目標」（SDGs）が追求されている。

2 | 新しい時代を迎える日本の人権教育

❶続々と制定される個別課題関連法

今、日本の人権教育は、幾つかの意味で新たな時代を迎えつつある。「新たな時代」を象徴する一つは、個別の人権課題に関する法律が次々と制定されていることであろう。

2016年4月には、障害者差別解消法が施行された。同法は、障害者の権利条約を受け止めて、障害の個人モデルから社会モデルへと大きく転換するきっかけとなった。障害の社会モデルとは、「障害は個人の側にあるのではなく、誰かを排除してしまう社会の側にこそあるのだ」という考え方である。法案作成プロセスにおいても「Nothing about us, without us !」、つまり「われわれ障害者を抜きにして、われわれ障害者に関することを一つたりとも決めるな！」という原則が貫かれ、障害者が法案策定の中心的役割を演じたという点は、注目に値する。

2016年6月には、ヘイトスピーチ解消法が制定された。日本では、「差別禁止」という原則よりも「言論の自由」という原則を優先してきたが、ここへ来て、ようやく「差別する自由はない」という原則へと一歩踏み出そうとしているのである。

2016年12月には、部落差別解消推進法が制定された。部落差別が根強く残っていること、インターネットが普及し、情報化が進展するもとで部落差別が悪質化して広がっていることなどを受け止め、日本政府が部落問題に正面から取り組むことを打ち出した法律である。同法には、部落差別

第7章 人権教育の現代的課題　199

についての概念規定がない。しかし、同法でいう「部落差別」と1965年に出された「同和対策審議会答申」でいう「同和問題」が同一の問題をさしていることを否定する人はいない。これまで「同和対策審議会答申」が文書として否定されたことはないので、今回の法律制定も、同答申を受けて行われているということができる。同答申を土台としつつ、情報化に伴って発生している新たな事態にどう対応するかが問われている。

　同じ2016年12月には、教育機会確保法が制定された。これは、義務教育に相当する基礎教育を十分受けられなかった人を対象に、国籍に関係なく基礎教育の機会を保障しようとする法律である。この法律を受けて、文部科学省では、夜間中学校をすべての都道府県に一校は設置することを求めている。またこの法律は、不登校などにより形式的に中学校を卒業した人に対しても夜間中学など学習機会を積極的に保障しようとしている。本書では、人権教育の一環としての「人権としての教育」を論じてきたが、その観点からすれば、同法も人権教育を構成する重要な要素である。

　これ以外に、LGBTQに関する法律も、議員立法で準備されつつある。文部科学省では、すでに2011年から2016年の間に4回にわたってLGBTQに関する通達やパンフレットを出し、問題への取り組みを各地の教育委員会や学校に呼びかけている。

　さらに、文部科学省は、2018年度より人権教育の研究指定を受けるための申請書に、応募する学校や地域がどの人権課題に特に力を入れているかを書くよう求めている。個別の人権課題への取り組みを書き込まなければ、採択される可能性は大幅に低下するのである。

　このように、個別の人権課題に関する法律が続々と制定され、政府が個別課題にかかわる施策を進めつつあることは、人権教育の在り方を考えるうえで重要な意味をもっているといえよう。

　上にあげたさまざまな法律においては、いずれも教育・啓発の果たすべき役割が重視されていることを見逃すことはできない。例えば、障害者差別解消法では、第15条で「国及び地方公共団体は、障害を理由とする差別の解消について国民の関心と理解を深めるとともに、特に、障害を理由

とする差別の解消を妨げている諸要因の解消を図るため、必要な啓発活動を行うものとする」と定めている。また、ヘイトスピーチ解消法では、第6条で「国は、本邦外出身者に対する不当な差別的言動を解消するための教育活動を実施するとともに、そのために必要な取組を行うものとする」と定め、地方公共団体にも努力を求めている。さらに、部落差別解消推進法第5条では、「国は、部落差別を解消するため、必要な教育及び啓発を行うものとする」とし、地方公共団体にも努力を求めているのである。

これまで、人権教育を推進する根拠法となっていたのは、主として2000年に制定された人権教育推進法であった。同法は、人権教育の推進を掲げていたが、個別の人権課題については定めていなかった。国は、「人権教育・啓発に関する基本計画」(2002年)のなかで個別の人権課題をあげ、それぞれについて取り組む必要性を述べた。しかし、個別の人権課題については、その学習を推進するための法的根拠が弱かったといわざるをえない。

そのこととも関連して、第6章で論じたように、日本国内で取り組まれている人権教育は、自尊感情や多様性肯定感などの一般的な取り組みにとどまってきた傾向がある。自尊感情や多様性肯定感などはいずれも重要ではあるが、決定的に弱いのは個別の課題にかかわる問題の実態や、取り組むうえでの法的裏付けについての実践的学習である。

❷重要になる個別課題の学習

こうした問題状況が発生している原因はさまざまな角度から考えることができるが、個別の人権問題学習があまり行われていないという点は、どのような角度から考えても重要なポイントになるといえよう。

例えば、部落差別にかかわる結婚差別に関する学習を考えてみよう。各地の調査結果によれば、被差別部落(以下、部落)出身の人と部落外出身の人とが結婚するという場合、低く見積もって、残念ながら最近でも4組に1組ぐらいの割合で周りの反対に直面する。これに対して、情緒的に「差別してはいけない」という気持ちだけで対応しようとしても、確かな

力にはなりにくい。

　具体的な問題状況に対応する力が必要である。どのような社会的背景の
もとで結婚差別が発生しやすくなっているのか。反対する人たちは、どの
ような理屈を並べ立て、どのような態度で迫ってくるのか。結婚差別を問
題とする法的根拠は何か。反対をのりこえて進んでいくには何が一番のポ
イントになるのか。親戚のなかから結婚を応援してくれる人を探し出すに
はどうすればいいのか。このような点について確かな学習をしなければ、
なかなか有効な対応がしにくくなりかねない。つまり、個別の人権課題に
ついて具体的に取り組むための学習をすることによって、現在の人権教育
を取り巻く問題状況は克服の方向が明確になるのである。

3 シティズンシップ教育の時代

❶世界で注目されるシティズンシップ教育

　この20年間ほどにわたって世界各地でシティズンシップ教育が注目さ
れてきた。ヨーロッパでは、EUの活性化に伴って国を超えた人々の流動
性が高まり、その一方で民族主義や人種差別が強まっていることなどか
ら、国境を越えたヨーロッパ全体で共通の市民としての自覚が求められる
ようになった。また、若者たちの無力感や政治離れから危機感が高まった
ことも、若者の社会参加を促進するシティズンシップ教育に期待が寄せら
れるようになった一因である。カナダでも、さまざまな民族的・文化的多
様性が広がる下で、シティズンシップ教育に期待が寄せられるようになっ
ている。東南アジア各国においては、伝統的価値観に縛られた地域や社会
の共同体の市民社会への革新が求められるようになっており、その流れと
関連してシティズンシップ教育が語られるようになった。

　グローバル化やデジタル化の結果として、貧富の格差が広がったことも
要因の一つである。北の「豊かな国」と南の「貧しい国」の格差は、この
数十年間でむしろ広がった。それぞれの国内でも貧富の格差が広がってい

る。途上国においても富裕層が生まれ、その一方で貧しい層が広がっているのである。いわゆる先進国においても、この30年ほどの間に進められた新自由主義的な政策がほとんどのものを市場原理にゆだねてきたために、貧富の格差が広がった。とりわけ日本においては、アメリカ社会にならって市場原理主義を導入し、その一方で社会福祉は削り尽くしてきたために、貧困率が高まり、格差社会という言葉が広く用いられるようになった。このような日本社会にあっても、大きな企業の取締役などは、従来の日本企業の取締役が得ていたよりも高い所得を得ているのである。少なからぬ大企業では、「金余り」が問題になっている。このように、世界的にもそれぞれの国のなかでも貧富の格差が広がりつつある。

　経済的にはグローバル化やデジタル化が進む一方、政治的には「自国第一主義」や「民族排外主義」が広がっている。アメリカでは、中南米などからの移民を排除する動きが進んできた。ヨーロッパでは、中東からの難民を受け入れない傾向が強まった。ところが、中南米からアメリカへ人が移動しようとするのは、アメリカ企業などが中南米を貧困に追い込んだからである。同様に、ヨーロッパで難民が増えたのは、アメリカやヨーロッパの国が中東を軍事的に攻撃してきたからである。

　このような動きに対する不安や無力感が広がり、差別を助長するような言動が顕著になってきている。このままでは、社会の一体性が損なわれかねない。若者の投票率は、多くの国で低下してきている。政治的無力感、社会的正義への不信感、アイデンティティの混乱など、社会参加を妨げる要因はさまざまにある。

❷シティズンシップ教育とは何か

　シティズンシップとは何かをめぐっても議論がある。例えば、マーシャルはシティズンシップを市民的領域（ライフスタイル）、政治的領域（投票など）、社会経済的領域（労働や社会保障）に分けたが、それに文化的領域（多様性への対応）を加えて4つに分けるという考え方がある。現代のシティズンシップをめぐる議論の特徴は、国民国家の枠組みを超えている

ことであろう。ヨーロッパでは、ディランティ（Delanty, G.）などにより、近代的シティズンシップは権利、義務、参加、アイデンティティの4つの構成要素からなると論じられている。また、ヨーロッパでは「ヨーロッパのシティズンシップ」という概念が用いられることもあり、その意味するところをめぐっての議論もみられる。グローバルなシティズンシップに移行すべきであって、ヨーロッパに限定する必要がどこにあるのかという意見も出されている。重要なのは、シティズンシップそれ自体が議論の的になっているという事実である。

　シティズンシップそのものが議論になっているとすれば、シティズンシップ教育もさまざまな議論の的だといわなければならない。例えば日本では、経済産業省の組織した「シティズンシップ教育と経済社会での人々の活躍についての研究会」により 2006 年にシティズンシップ教育宣言が出された。そこで規定されているシティズンシップとは、「多様な価値観や文化で構成される社会において、個人が自己を守り、自己実現を図るとともに、よりよい社会の実現に寄与するという目的のために、社会の意思決定や運営の過程において、個人としての権利と義務を行使し、多様な関係者と積極的に（アクティブに）関わろうとする資質」をさしている。そして、そのような資質を育てる教育がとりもなおさずシティズンシップ教育だとされている。

　おおよそのところでは妥当な定義といえるかもしれない。けれども、詳しく吟味し、実践に移そうとすれば、すぐさま未整理な部分があることが明らかになる。「多様な価値観や文化」をなんでも肯定してしまえば、社会としてのまとまりはどうなるのか。どのような特徴をもっていれば「よりよい社会」といえるのか。「個人としての権利と義務」とあるが、その具体的内容は何であり、それを決めるのは誰か。「多様な関係者と積極的に（アクティブに）関わろうとする」ことはいかなる意味で必要なのか。ここで議論していることは日本国内の社会という枠を前提にしているのか。

　同研究会は、「シティズンシップ教育は強制できない」として、学校で一人ひとりの教員が自発的に取り組むようになることを期待している。し

かし、それで本当にシティズンシップ教育を推進できるのだろうか。

　教科との関連も議論されている。シティズンシップ教育は座学だけで完結するものではなく、社会的活動への参加が不可欠とされている。その点はシティズンシップ教育を論じる人たちの間でほとんど共通認識となっている。しかし、拠点となる教科を設定する必要はないのか。社会的活動と教科との関係はどのように整理すればよいのか。とりわけ、社会科との関連をどのようにとらえるのか。これは、認識と行動との関連をどのようにとらえるのかという問題でもあるといえよう。

❸シティズンシップ教育と人権教育

　シティズンシップ教育と人権教育は、どのような関係でとらえられているのだろうか。近年では日本政府が人権教育という概念を前に出して取り組んでいるが、それに伴って個別課題にかかわる教育実践が後退したのではないかという指摘がある。この上にシティズンシップ教育がさらに導入されたとすれば、この傾向に拍車がかかるおそれもある。

　繰り返しになるが、文部科学省の設置した「人権教育の指導方法等の在り方に関する調査研究会議」が行った全国調査によると、日本の人権教育は自尊感情など態度的側面が強く、知的理解の側面が弱くなっており、さらに社会的実践力が決定的に欠落していることが明らかになっている。このような現実とのかかわりで、シティズンシップ教育と人権教育とのかかわりを考えておきたいところである。

　人権教育をいち早く推進し、シティズンシップ教育についてもこの20年間ほど強力に展開しようとしているのがヨーロッパである。ヨーロッパでは、人権教育とシティズンシップ教育の関係をどうとらえているのだろうか。

　2010年5月11日、欧州評議会は「民主主義的シティズンシップ教育と人権教育に関する欧州評議会憲章（Council of Europe Charter on Education for Democratic Citizenship and Human Rights Education）」を採択した。同憲章は、「民主主義的シティズンシップ教育（education for democratic citizenship）」と人権教育との関連を次のように論じている。

民主主義的シティズンシップ教育と人権教育は、深く相互に関係しており互いに支え合っている。両者の違いは、目標や実践にあるのではなく、何に焦点を合わせ、領域の幅をどのようにとらえるのかという点にある。民主主義的シティズンシップ教育が焦点を合わせるのは、民主主義的な権利と責任であり、積極的な参加である。そして、市民・政治・社会・経済・法律・文化といった社会的領域との関連でそれを追求する。それに対して人権教育は、それよりも幅の広い人権と基本的自由という観点をもって、人々の暮らしのあらゆる側面に関心を寄せるのである。

　この文書から判断するかぎり、ヨーロッパで想定されている民主主義的シティズンシップ教育は、人権教育以上に社会参加や実践力に焦点を合わせた概念であるといえそうである。シティズンシップ教育を積極的に導入することによって日本の人権教育の弱点を克服する手がかりが得やすいであろうことも想像できる。そのこととも関連して、「特別の教科　道徳」が導入されるようになったことにも言及しておく必要がある。

❹道徳の教科化と人権教育

　個別の人権課題に関連する法律が制定されている一方で、「道徳の教科化」が進んでいる。この二つの動向を私たちはどのように考えればよいのだろうか。本書の最後に、人権教育の意義を、道徳教育との関連を例として取り上げて論じることにしよう。

　道徳教育と人権教育が対立するようにとらえられている場合がある。例えば「『特別の教科　道徳』で人権学習をしてはならない」といった意見を述べる研究者もいる。これは明らかな誤解もしくは曲解である。

　例えば、検定を通ったある教科書会社（光村図書）の道徳教科書は、子どもの権利条約（小学校5年生）や世界人権宣言（小学校6年生版、15〜20頁）を教材化している。文部科学省も、道徳科で人権について教えることを承認しているのである。それだけではない。同社の小学校6年生版では、「私には夢がある」（159〜163頁）というタイトルのもと、マーチン・ルーサー・

キング牧師をはじめ、黒人差別をなくそうとする運動が教材化されている。また「差別のない社会を目ざす」（170〜171頁）という教材では、世界人権宣言と結びつけつつ外国人差別を教材化している。その間にある「エルトゥールル号」（164〜169頁）も、実は部落差別との関連で学ぶことができる教材である。ここでは一社の例をあげるにとどめるが、他の会社の教科書にあっても、人権や差別について学べる教材が含まれている。

　そういう教材が含まれているのは、そもそも道徳科の学習指導要領に人権について学ぶことが位置づけられているからである。次の引用は、『小学校学習指導要領解説　特別の教科　道徳』のなかの第4章の第4節にある「2　道徳科に生かす教材」という箇所からである。この箇所では、「教材については、教育基本法や学校教育法その他の法令に従い、次の観点に照らし適切と判断されるものであること」という見出しのもとに、3つの観点をあげているが、そのうちの二つめにあがっているのは次のような内容である。

---

(2)　人間尊重の精神にかなうものであって、悩みや葛藤等の心の揺れ、人間関係の理解等の課題も含め、児童が深く考えることができ、人間としてよりよく生きる喜びや勇気を与えられるものであること

ア　人間尊重の精神にかなうもの
　人間尊重の精神は、道徳教育を推進する上での留意事項として一貫して述べられていることであり、生命の尊重、人格の尊重、基本的人権、思いやりの心などの根底を貫く国境や文化なども超えた普遍的な精神である。（以下略）

イ　悩みや葛藤等の心の揺れ、人間関係の理解等の課題も含め、児童が
　深く考えることができるもの
　（前略）道徳科の教材の作成に当たっては、例えば、体験活動や日常生活を振り返り道徳的価値の意義や大切さを考えることができる教材、今日的な課題について深く考えることができる教材、学級や学校生活にお

ける具体的事柄や葛藤などの課題について深く考えることができる教材など、児童が道徳的価値について深く考え、道徳的価値を自覚できるよう題材の選択、構成の工夫等に努めなければならない。

ウ　人間としてよりよく生きる喜びや勇気を与えられるもの

　（前略）道徳科の教材の作成に当たっては、例えば、先人の多様な生き方が織り込まれ、生きる勇気や知恵などを感じる教材、人間としての弱さを吐露する姿等にも接し、生きることの魅力や意味の深さについて考えを深めることができる教材、児童の感性に訴え、感動を呼ぶ教材など、人間としての生き方に迫ることができるよう題材の選択、構成の工夫等に努めなければならない。

（『小学校学習指導要領解説 特別の教科 道徳』102 〜 103 頁）

　これらの引用を読めば、人権や人権侵害の実態、それに対する取り組みなどを道徳科で取り上げることは適合的である。少なくとも「道徳科で人権について教えるのは間違い」といった誤解を解くには十分であろう。

　道徳の教科化はさまざまな議論のポイントを含んでいる。価値観の教育を教科として行うことがふさわしいのか。価値観の教育の評価がいかにして行えるのか。道徳教育は内容項目（価値項目）を一つずつ学んでいく方式でうまく進められるのか。内容項目間の対立にこそ現実生活での問題が由来するのではないか。道徳教育がまず必要なのは子どもたちなのか、それとも政治家なのか。そもそも、基本的人権や主権在民、平和主義など日本国憲法で定めている価値観以外のものを国家が公教育を通して学ぶよう強制できるのか。道徳を教科化するよりも日本国憲法の教科化や、基本的人権や民主主義の教科化こそが求められているのではないか。

　このような議論を重ねつつ、今後の取り組みを進める必要がある。人権教育が道徳も含めたあらゆる教科・領域で実践されるべきことは、日本国憲法に基本的人権が明記され、その大切さが謳われていることからも明らかなのである。

208

参考図書

▶本書を読んで、さらに深く学びたいという方のために書籍等をあげました。

▶各章ごとに、担当執筆者から特にお薦めするものに*印をつけています。

▶各章ごとに、編著者のあいうえお順に並べてあります。

▶重複する場合は、一つの章だけであげました。

序論　人権教育とは何か

大阪府人権教育研究協議会編・発行『部落問題学習プラン集 まち・ひと・くらし Vol.3』2011 年

大阪府人権協会編・発行『人権学習シリーズ vol.1 結婚？ しあわせ』2003 年

森実「行動力を育む系統的人権学習の確立を」 雑誌『部落解放』第 628 号、2010 年 4 月

*森実『知っていますか？ 人権教育 一問一答』解放出版社、2013 年

第1章　学校・子ども・人権

第1節　子どもの人権

岡本正子・二井仁美・森実編『教員のための子ども虐待理解と対応』生活書院、2009 年

*小口尚子・福岡鮎美『子どもによる子どものための「子どもの権利条約」』小学館、1995 年

森田洋司『いじめとは何か―教室の問題、社会の問題』中央公論新社、2010 年

第2節　障害者と人権

安積純子他『生の技法 家と施設を出て暮らす障害者の社会学』生活書院、2012 年

*横塚晃一『母よ！ 殺すな』生活書院、2007 年

米本昌平ほか『優生学と人間社会 生命科学の世紀はどこへ向かうのか』講談社現代新書、2000 年

第3節　在日外国人と多文化共生

志水宏吉他『高校を生きるニューカマー――大阪府立高校に見る教育支援』明石書店、2008 年

田中宏『在日外国人―法の壁・心の溝 第三版』岩波新書、2013 年

参考図書　209

*宮島喬他『外国人の子ども白書―権利・貧困・教育・文化・国籍と共生の視点から』明石書店、2017年

第4節　部落差別と人権

稲垣有一・中尾健次・寺木伸明『部落史をどう教えるか 第2版』解放出版社、1993年

*上杉聰『これでわかった！ 部落の歴史』『これでなっとく！ 部落の歴史』解放出版社、2004年、2010年

寺木伸明・黒川みどり『入門 被差別部落の歴史』解放出版社、2016年

第5節　ジェンダーとセクシュアリティ

木村涼子・古久保さくら編著『ジェンダーで考える教育の現在』解放出版社、2008年

多賀太『男らしさの社会学―揺らぐ男のライフコース』世界思想社、2006年

*薬師実芳他『LGBTってなんだろう?―からだの性・こころの性・好きになる性』合同出版、2004年

第2章　人権を学ぶ基礎概念

---

*大阪多様性教育ネットワーク・森実編『多様性教育入門』解放出版社、2005年

*大阪多様性教育ネットワーク・森実編『多様性の学級づくり』解放出版社、2014年

大阪府人権協会『やってみよう！ 人権・部落問題プログラム―行動につなげる参加型学習』解放出版社、2012年

ダイアン・J. グッドマン、出口真紀子・田辺希久子訳『真のダイバーシティをめざして―特権に無自覚なマジョリティのための社会的公正教育』上智大学出版、2017年

ひょうご部落解放・人権研究所編『はじめてみよう！ これからの部落問題学習』解放出版社、2017年

矢崎節夫監修『別冊太陽 日本のこころ122号 生誕100年記念 金子みすゞ』平凡社、2003年

第3章　同和教育実践の再発見

内田龍史『部落問題と向きあう若者たち』解放出版社、2014年

大阪府人権教育研究協議会編・発行『わたし出会い発見 Part7 子どもとつくるキャリアプラン・実践集』2009年

大阪府人権教育研究協議会編・発行『大阪の子どもたち―人権教育とキャリア教育』2011年

大阪府立西成高等学校『反貧困学習—格差の連鎖を断つために』解放出版社、2009 年

奥田均『見なされる差別—なぜ部落を避けるのか』解放出版社、2007 年

＊奥田均編著『知っていますか？ 部落問題 一問一答 第 3 版』解放出版社、2013 年

「金川の教育改革」編集委員会編著『就学前からの学力保障—筑豊金川の教育コミュ
ニティづくり』解放出版社、2006 年

倉石一郎『包摂と排除の教育学—戦後日本社会とマイノリティへの視座』生活書院、
2009 年

齋藤直子『結婚差別の社会学』勁草書房、2017 年

＊志水宏吉『公立小学校の挑戦—「力のある学校」とはなにか』岩波書店、2003 年

志水宏吉『学力を育てる』岩波新書、2005 年

西田芳正『排除する社会・排除に抗する学校』大阪大学出版会、2017 年

日本スクールソーシャルワーク協会編・山下英三郎他編著『スクールソーシャルワー
ク論（歴史・理論・実践）』学苑社、2008 年

藤岡淳子『非行少年の加害と被害—非行心理臨床の現場から』誠信書房、2001 年

部落解放研究所編『入門部落解放教育』解放出版社、1983 年

村越良子・吉田文茂『教科書をタダにした闘い—高知県長浜の教科書無償運動』解放
出版社、2017 年

＊森実編著『同和教育実践がひらく人権教育—熱と光を求めて』解放出版社、2002 年

＊森実『知っていますか？ 同和教育 一問一答 第 2 版』解放出版社、2013 年

第4章　生活を通して子どもをつなぐ集団づくり

＊大阪府人権教育研究協議会編・発行『わたし 出会い 発見 Part6 集団の中で子どもと
つながる 子どもと子どもをつなぐ教材・実践集』2006 年

解放教育研究所編『シリーズ解放教育の争点 2 人間関係づくりとネットワーク』明
治図書、1997 年

坂田次男『どうすれば子どもは書くか—生活つづり方への指導のステップ』解放出版
社、2004 年

ジュディス・L. ハーマン、中井久夫訳『心的外傷と回復〈増補版〉』みすず書房、1999 年

＊新保真紀子『子どもがつながる学級集団づくり入門—若いせんせいに送るラブレター 』
明治図書出版、2007 年

砂川秀樹『カミングアウト』朝日新書、2018 年

園田雅春『いま「学級革命」から得られるもの—小西健二郎の実践思想とスキル』明
治図書出版、2010 年

ちょんせいこ『学校が元気になるファシリテーター入門講座』解放出版社、2009 年
*土田光子『子どもを見る眼―先生たちへの応援歌』解放出版社、2012 年
津村俊充・山口真人編『人間関係トレーニング 第 2 版』ナカニシヤ出版、2005 年
松下一世『子どもの心がひらく人権教育―アイデンティティを求めて』解放出版社、
1999 年
*松原市立布忍小学校教師集団『私たちがめざす集団づくり―子どもが輝く学校に』部
落解放・人権研究所、2002 年

第5章　人権学習をつくる視点と方法

*大阪府人権教育研究協議会編・発行『わたし出会い発見 part5 "小 1 プロブレム" を
超えるために遊びと学びをつなぐ教材・実践集』2004 年
*大阪府人権教育研究協議会編・発行『わたし出会い発見 Part9 未来をつくる人権教
育実践 実践マニュアル集』2018 年
*大阪府同和教育研究協議会編・発行『わたし出会い発見 Part2 参加型の人権・部落
問題学習 プログラム・実践集』1998 年
沖本和子『教室はおもちゃばこ―学級づくりに多様なもちあじを』解放出版社、2013 年
沖本和子『ひらがな学習―子どものもちあじを活かして』解放出版社、2014 年
*新保真紀子『「小 1 プロブレム」に挑戦する―子どもたちにラブレターを書こう』明
治図書、2001 年
「全同教三十年史」編集委員会編『全同教三十年史』全国同和教育研究協議会、1983 年
豊田ひさき『学び合い育ち合う学習集団づくり』明治図書、2001 年
豊田ひさき『集団思考の授業づくりと発問力・理論編』明治図書、2007 年
中野陸夫・池田寛・中尾健次・森実『同和教育への招待』解放出版社、2000 年
永見薫・大岡千佳・佐久間敦史「総合的な学習のカリキュラム再構築に関する実践研
究―経験の浅い教員との継続的なカンファレンスを通して」『教育実践研究』第 10
号、大阪教育大学教職教育研究センター、2016 年
日本放送出版協会『NHK 学校放送生活科・徹底 Q&A』1991 年
平沢安政「同和教育と人権教育の枠組みについて」部落解放・人権研究所編『これか
らの人権教育：新時代を拓くネットワーク』解放出版社、1997 年

第6章　地域とつながる人権教育

池田寛『地域の教育改革―学校と協働する教育コミュニティ』解放出版社、2000 年

池田寛編著『教育コミュニティハンドブック—学校と地域の「つながり」と「協働」を求めて』解放出版社、2001 年

*池田寛『人権教育の未来—教育コミュニティの形成と学校改革』解放出版社、2005 年

*岩田正美『社会的排除—参加の欠如・不確かな帰属』有斐閣、2008 年

大阪府社会教育委員会議『提言 家庭・地域社会の教育力の向上に向けて—教育コミュニティづくりのすすめ』1999 年

財団法人解放教育研究所編『新書にんげん』全 5 巻、明治図書、1986 年

人権教育の指導方法等に関する調査研究会議『人権教育の推進に関する取組状況の調査結果について』2013 年

髙田一宏『教育コミュニティの創造—新たな教育文化と学校づくりのために』明治図書、2005 年

*髙田一宏編著『コミュニティ教育学への招待』解放出版社、2007 年

髙田一宏「教育保護者組織とは何か」『部落解放研究』第 182 号、2008 年

*日本学校ソーシャルワーク学会編『スクールソーシャルワーカー養成テキスト』中央法規、2008 年

日本社会福祉教育学校連盟・社会福祉専門職団体協議会『ソーシャルワークのグローバル定義（日本語版）』2014 年

日本スクールソーシャルワーク協会編・山下英三郎著『スクールソーシャルワーク—学校における新たな子ども支援システム』学苑社、2003 年

第 7 章　人権教育の現代的課題

園田雅春『道徳科の「授業革命」—人権を基軸に』解放出版社、2018 年

*中山あおい・石川聡子・森実・森田英嗣・鈴木真由子・園田雅春『シティズンシップへの教育』新曜社、2010 年

森実『教室の人権教育「何が実践課題か」』明治図書、1993 年

森実『いま人権教育が変わる—国連人権教育 10 年の可能性』部落解放研究所、1995 年

おわりに

　本書『人権教育への招待』の副題は「ダイバーシティの未来をひらく」とした。ダイバーシティといえば、「みんなちがってみんないい」を連想する方が多いだろう。しかし、「ダイバーシティの未来をひらく」ということは、「ちがい」を情緒的な文脈のなかで語ることではない。民族性や社会的身分、階層、セクシュアリティなど、「ちがい」によって、私たちが理不尽な状況におかれたり、人間関係を分断されているという社会の現実に気づくこと、そして差別的な社会の現実に対して、反対の意思表示を行い、私たちを取り巻く環境を変革するために行動する力が必要なのだ。

　前著『同和教育への招待』の刊行から20年。その時代を生きてきた学生たちのなかには、前著がめざした人権教育、すなわち子どもをつなぐ集団づくりのなかで育ち、海外の人権教育から学んだ主体的・対話的な学習方法にも親しみ、個別課題の学習を通してなかまとつながる取り組みを経験してきている姿もある。しかし、この20年間の現実は、決して楽観できるものではない。同じく教員志望の学生を対象に中学校での人権教育の経験を「有った」「少し有った」「あまり無かった」「無かった」の4択でたずねたところ、部落問題や外国人問題の学習経験について「無かった」と答える学生は4人に1人にのぼる。また、「いじめはダメだ」と教えられたが、「学級の実際の問題を考える」経験は「無かった」という学生も3人に1人いる。

　今、LGBTQの取り組みのなかから、ALLY（アライ）という考え方が生まれている。ALLYとはLGBTQの支援者のことで、差別をなくすためにともに取り組むなかまを意味する。また、「誰もが誰かのALLYになれる」というフレーズは、LGBTQだけでなく、生まれた土地や肌の色など、いろいろな「ちがい」に対して、互いが知り合うことによって味方になれるということを意味している。「ダイバーシティの未来をひらく」主人公を育てるためにも、人権感覚と実践的行動力を育む教育をめざしたい。

　　2019年1月　　　　　　　　　　　　　　　　　　　　　神村早織

●編者

神村早織（じんむら さおり）
1983年度に大阪府内の公立中学校教員として赴任。大同教（現在の大阪府人権教育研究協議会）、大阪府教育センター、大阪教育大学地域教育連携・教育推進センター准教授を経て、現在、同センター研究員・非常勤講師。共著に『格差をこえる学校づくり』（大阪大学出版会）、論文に「校区の社会経済的格差と教師の役割認識」『教育社会学研究』、「人権教育の視点からみるスクールソーシャルワークのあり方」『神戸親和女子大学児童教育学研究』など。

森　実（もり みのる）
1984年度に大阪教育大学講師として赴任。現在は同大学地域連携・教育推進センター教授。著書に『知っていますか？ 同和教育 一問一答』『知っていますか？ 人権教育 一問一答』、共著に『多様性教育入門』『多様性の学級づくり』（以上は解放出版社）、『シティズンシップへの教育』（新曜社）、『日本の社会教育・生涯学習』（大学教育出版）、共編著に『子ども虐待 理解と対応』（生活書院）など。

●執筆者（執筆順）および執筆箇所

森　実	はじめに、序論、1章4節、2章、7章
神村早織	1章1・5節、3章、4章、おわりに
松永真純（まつなが まさずみ）	大阪教育大学非常勤講師　　1章2節
北川知子（きたがわ ともこ）	大阪教育大学非常勤講師　　1章3節
佐久間敦史（さくま あつし）	大阪教育大学地域連携・教育推進センター准教授　　5章
高田一宏（たかだ かずひろ）	大阪大学大学院人間科学研究科教授　6章

人権教育への招待──ダイバーシティの未来をひらく

2019年4月20日　第1版 第1刷発行
2023年1月30日　第1版 第4刷発行

編著者　神村早織　森　実 ©

発　行　株式会社 解放出版社
　　　　〒552-0001 大阪市港区波除 4-1-37　HRCビル 3F
　　　　TEL 06-6581-8542　FAX 06-6581-8552
　　　　東京事務所
　　　　〒113-0033 文京区本郷 1-28-36 鳳明ビル 102A
　　　　TEL 03-5213-4771　FAX 03-5213-4777
　　　　振替 00900-4-75417　ホームページ　https://www.kaihou-s.com/

装幀　森本良成　　本文レイアウト　伊原秀夫
印刷・製本　モリモト印刷

ISBN 978-4-7592-2167-1 C0037　NDC 371　214P　21cm
定価はカバーに表示しております。落丁・乱丁はおとりかえします。

障害などの理由で印刷媒体による本書のご利用が困難な方へ

本書の内容を、点訳データ、音読データ、拡大写本データなどに複製することを認めます。ただし、営利を目的とする場合はこのかぎりではありません。

また、本書をご購入いただいた方のうち、障害などのために本書を読めない方に、テキストデータを提供いたします。

ご希望の方は、下記のテキストデータ引換券（コピー不可）を同封し、住所、氏名、メールアドレス、電話番号をご記入のうえ、下記までお申し込みください。メールの添付ファイルでテキストデータを送ります。

なお、データはテキストのみで、写真などは含まれません。

第三者への貸与、配信、ネット上での公開などは著作権法で禁止されていますのでご留意をお願いいたします。

あて先：552-0001 大阪市港区波除 4-1-37 HRC ビル 3F 解放出版社『人権教育への招待』テキストデータ係

テキストデータ引換券
『人権教育への招待』
2167-1